O cérebro da criança explicado aos pais

Álvaro Bilbao

O cérebro da criança explicado aos pais

Tradução
Rita Custódio e Àlex Tarradellas

Fons Sapientiae

São Paulo, 2020

Copyright © 2019 – Distribuidora Loyola de livros.

Fundador: Jair Canizela (*1941-†2016)
Diretor geral: Vitor Tavares
Diretor editorial: Rogério Reis Bispo
Editora: Cristiana Negrão
Capa e diagramação: Claudio Tito Braghini Junior
Tradução: Rita Custódio e Àlex Tarradellas
Preparação: Daisy Daniel
Revisão: Joana Figueiredo

Este livro segue as regras da Nova Ortografia da Língua Portuguesa.

Dados Internacionais de Catalogação na Publicação (CIP)
(Câmara Brasileira do Livro, SP, Brasil)

Bilbão, Álvaro
O cérebro da criança explicado aos pais / dr. Álvaro Bilbão. -- 1. ed. -- São Paulo: Edições Fons Sapientiae, 2019.

ISBN 978-85-63042-75-0

1. Cérebro - Desenvolvimento 2. Cérebro - Fisiologia 3. Criança - Desenvolvimento 4. Educação - Finalidades e objetivos 5. Neurociências 6. Psicologia da aprendizagem I. Título.

19-31837   CDD-370.15

Índices para catálogo sistemático:
1. Crianças : Neurociências: Educação 370.15

Edições *Fons Sapientiae* é um selo da
Distribuidora Loyola de Livros
Rua Lopes Coutinho, 74 – Belenzinho
03054-010 São Paulo – SP
www.fonssapientiae.com.br
T 55 11 3322 0100
F 55 11 4097 6487

Todos os direitos reservados. Nenhuma parte desta obra pode ser reproduzida ou transmitida por qualquer forma ou quaisquer meios (eletrônico ou mecânico, incluindo fotocópias e gravação) ou arquivada em qualquer sistema ou banco de dados sem permissão escrita.

À memória de Tristán, que passa o dia a rir com os seus pais e a brincar com os irmãos e primos onde quer que se encontre.

Agradecimentos

Quero agradecer aos meus pais e aos meus sogros pelo maravilhoso trabalho como pais, que agora se estende aos seus netos. Da mesma forma, ao meu irmão e cunhados, tios, avós e primos, já que todos eles fazem parte da tribo que é necessária para criar uma criança.

Não posso deixar de agradecer e de prestar o meu sincero reconhecimento a todos os professores, que de maneira incansável apoiam o desenvolvimento das crianças nos quatro cantos do mundo. Não imagino trabalho mais importante em uma sociedade do que o daqueles que cuidam do maior tesouro para o presente e impulsionam a maior promessa para o futuro. A sua experiência encontra o melhor de cada criança nas áreas onde nós, pais, andamos mais perdidos, o seu entusiasmo desperta o desejo de aprender onde os pais não chegam, e a sua paciência e ternura abraçam os nossos filhos quando os pais não estão presentes. Muito especialmente aos professores dos meus filhos, Amaya, Ana Belén, Elena, Jesús e Sonia, e aos meus últimos professores, Rosa, Marili e Javier.

E, claro, à minha mulher Paloma, e aos meus três maravilhosos filhos, Diego, Leire e Lucía. Embora eu esteja estudando o cérebro humano há muitos anos, foram eles

O cérebro da criança explicado aos pais

que deram sentido ao meu conhecimento e que me ensinaram tudo o que sei sobre o fabuloso mundo do cérebro das crianças.

Sumário

Introdução 11

Parte I – Fundamentos 21
1. Princípios para um desenvolvimento cerebral pleno 23
2. Seu filho é como uma árvore 25
3. Desfrute do momento 31
4. O ABC do cérebro para pais 39
5. Equilíbrio 49

Parte II – Ferramentas 53
6. Ferramentas para apoiar o desenvolvimento cerebral 57
7. Paciência e compreensão 61
8. Empatia 73
9. Motivar o comportamento da criança 89
10. Alternativas ao castigo 111
11. Impor limites sem dramas 125
12. Comunicação 141

Parte III – Inteligência emocional 149
13. Educar a inteligência emocional 151

14. Vínculo 155
15. Confiança 169
16. Crescer sem medos 185
17. Assertividade 197

Parte IV – Potenciar o cérebro intelectual 209
18. Semear a felicidade 211
19. Desenvolvimento intelectual 223
20. Atenção 231
21. Memória 245
22. Linguagem 259
23. Inteligência visual 273
24. Autocontrole 283
25. Criatividade 295
26. Os melhores aplicativos para crianças com menos de 6 anos 309
27. Despedida 311

Bibliografia 317

Introdução

"O período mais importante na vida não é o da universidade, mas sim o primeiro de todos; desde o nascimento até aos 6 anos de idade."

Maria Montessori

As crianças despertam uma emoção única em qualquer adulto. Os seus gestos, a sua alegria sincera e a sua inocência nos comovem como nenhuma outra experiência na vida consegue fazê-lo. A criança estabelece uma ligação direta com uma parte muito especial de nós: aquela criança que fomos e que ainda somos. É possível que nos últimos dias lhe tenha apetecido cantar na rua, irritar-se com o seu chefe ou saltar em cima de uma poça de água em um dia de chuva, e talvez por causa das responsabilidades ou da vergonha não o tenha feito. Estar com uma criança é uma experiência importante, porque quando estamos com ela estabelecemos uma relação com uma parte muito especial de nós próprios: a criança perdida que precisamos encontrar em tantos momentos da nossa vida e que é, provavelmente, a melhor parte de cada um de nós.

Se você tem este livro em mãos é porque, como pai, mãe ou educador, há uma criança na sua vida e como tal tem oportunidade de estabelecer uma ligação com a parte do cérebro que ri, brinca e sonha no seu interior. Educar uma criança também é uma grande responsabilidade e, provavelmente, o ato mais importante da vida de muitas pessoas. A importância da paternidade atinge todos os níveis da existência humana. No campo biológico, os filhos são a semente que pode disseminar os seus genes e garantir a sua difusão nas gerações futuras. No campo psicológico, implica para muitas pessoas a realização de um instinto que não se pode reprimir. E, no espiritual, representa a possibilidade de atingir a plenitude ao ver os filhos crescerem felizes.

Tal como qualquer pai ou mãe percebe assim que segura o seu filho nos braços pela primeira vez, a paternidade também implica responsabilidades de todo o tipo. Em primeiro lugar estão as relacionadas com o cuidado, que incluem a nutrição, a higiene e a proteção básica da criança. Felizmente, as enfermeiras da maternidade e as sempre disponíveis avós lhe terão dado aulas teóricas e práticas sobre tudo isso. Em segundo lugar estão as responsabilidades econômicas. Um filho implica uma série de gastos que é preciso assumir para satisfação de grandes comerciantes, farmácias, creches e supermercados. Felizmente, o ensino básico o instruiu para que você possa ganhar um salário. Você lê e escreve. Sabe trabalhar em um computador. Fala – ou tenta falar – inglês. É capaz de ficar sentado durante quase oito horas todos os dias. Sabe trabalhar em equipe e tem formação específica no que quer que faça. A terceira responsabilidade de qualquer pai, e a mais importante, é a educação dos seus filhos. Na minha perspectiva, educar é apenas apoiar a criança no seu desenvolvimento cerebral, para que algum dia esse cérebro lhe permita ser autônoma, atingir as suas metas e sentir-se bem consigo. Embora explicado assim possa parecer um pouco simples, educar tem as suas dificuldades, e a maior parte dos pais e das mães não teve qualquer formação sobre a forma como podem ajudar os seus filhos nesse processo. Desconhecem o funcionamento básico cerebral, como se desenvolve, ou como podem apoiar o seu amadurecimento. Por vezes, os pais e as mães sentem-se perdidos ou inseguros em relação à forma como podem ajudar os filhos em diferentes aspectos do seu amadurecimento intelectual e emocional. Outras vezes agirão com confiança, mas de forma contrária àquela que o cérebro do filho precisa nesse momento.

Não quero enganá-lo nem apresentar uma ideia distorcida da influência que, como mãe ou pai, pode ter no desenvolvimento intelectual e emocional dos seus filhos. É padrão, seu filho vem com um caráter que marcará seu modo de ser para toda a vida. Há crianças mais introvertidas e outras mais extrovertidas. Há crianças calmas e outras nervosas. Também sabemos que pelo menos 50% da inteligência dos seus filhos é determinada pelos genes. Alguns estudos indicam que, provavelmente, outros 25% dependem dos colegas da escola e dos amigos com quem se relacionam. Isto levou alguns especialistas a assumir que os pais têm pouca influência no desenvolvimento dos filhos. Porém, esta afirmação não está correta. A criança, muito especialmente durante os primeiros anos de vida, precisa dos pais para se desenvolver. Sem o leite

O cérebro da criança explicado aos pais

materno, sem os seus cuidados, sem as suas palavras ou sem os seus abraços que a protegem e acalmam, a criança cresceria com necessidades intelectuais e emocionais irreparáveis. O desenvolvimento cerebral da criança está na segurança, no cuidado e no estímulo que a família oferece.

Hoje em dia, pais e mães têm mais oportunidades de acertar na educação dos seus filhos do que em qualquer outra época da história. Dispomos de mais informação e as investigações sobre o cérebro põem à nossa disposição conhecimentos e ferramentas práticas que podem ajudar os nossos filhos a desenvolverem-se plenamente. Infelizmente, também podemos enganar-nos mais. A verdade é que em apenas duas décadas o número de crianças que tomam medicação neurológica ou psiquiátrica nos Estados Unidos foi multiplicado por sete. Essa tendência continua a crescer e parece espalhar-se muito rapidamente pelo mundo "desenvolvido" e, atualmente, uma em cada nove crianças passará parte da sua etapa escolar sob efeito de psicofármacos. A verdade é que perdemos valores na educação das crianças, valores que a ciência destaca como fundamentais para um desenvolvimento cerebral equilibrado. Consequentemente, no âmbito da educação e do desenvolvimento infantil proliferam corporações interessadas em ganhar dinheiro com complexos programas de estimulação cerebral, creches capazes de criar gênios ou fármacos que revertem a possibilidade de se distraírem e que melhoram o seu comportamento. Essas empresas baseiam-se na crença popular de que esse tipo de programas, incentivos ou tratamentos têm um impacto positivo no desenvolvimento cerebral. No outro extremo, há também teorias e pais que confiam em uma educação radicalmente natural, na qual a criança cresce livre de normas ou frustrações, incentivados por estudos que indicam que a frustração no bebê pode provocar problemas emocionais, que os limites interferem no potencial criativo da criança ou que um excesso de recompensas pode criar problemas na sua confiança. As duas concepções, a de que o cérebro da criança potencializa as suas capacidades com o reforço da tecnologia e a de que o ser humano só é capaz de atingir um desenvolvimento pleno por meio da exploração e da experiência livre, demonstraram não estar corretas. A realidade é que o cérebro não funciona como gostaríamos, nem sequer como, por vezes, julgamos que funciona. O cérebro funciona como funciona.

Neurocientistas de todo o mundo há décadas tentam decifrar quais são os princípios nos quais se apoia o desenvolvimento cerebral e que estratégias são mais efetivas para ajudar as crianças a serem mais felizes e a desfrutarem de uma capacidade intelectual plena. As investigações sobre evolução e genética revelam que, longe de sermos simplesmente bondosos, nós, seres humanos, temos instintos opostos. Basta ir a um recreio de uma escola para ver como, longe dos olhares dos professores, aparecem os instintos de generosidade em forma de altruísmo e colaboração mútua, mas também outros mais selvagens, como a agressividade e o domínio. Sem o apoio dos pais e dos professores para guiarem e ajudarem a satisfazer as suas necessidades dentro dos limites que o respeito pelos outros estabelece, a criança está perdida. Sabemos que em grande medida o que fez evoluir a nossa espécie foi a nossa capacidade de transmitir valores e cultura de geração em geração, o que nos tornou mais civilizados e solidários – embora, nos dias que correm, possa não parecer –, um trabalho que o cérebro não pode fazer por si próprio e que precisa do acompanhamento atento de pais e professores.

Outras investigações sobre o desenvolvimento cerebral apresentam dados segundo os quais o estímulo precoce não tem qualquer impacto na inteligência de uma criança saudável. Nesse sentido, a única coisa que parece demonstrada é que durante os primeiros anos de vida a criança tem uma maior capacidade para desenvolver aquilo que conhecemos como o ouvido absoluto, ou a capacidade de aprender música ou uma língua como se fosse a língua materna. Isto não significa que uma escola bilingue seja melhor do que uma escola não bilingue, sobretudo porque se os professores não forem nativos a criança desenvolverá um ouvido com sotaque, em vez de desenvolver um ouvido absoluto. Nesse contexto, pode ser mais benéfico que as crianças vejam os filmes em versão original, ou que tenham algumas aulas por semana de inglês ou chinês, mas que sejam dadas por professores nativos. Ao mesmo tempo também sabemos que programas como o Baby Einstein, ou ouvir música de Mozart, não contribuem para o desenvolvimento intelectual da criança. Uma criança que ouve música clássica pode relaxar e, portanto, realizar melhor alguns exercícios de concentração uns minutos depois, mas nada mais. Passados uns minutos, o efeito desvanece-se. Da mesma forma, dispomos de dados categóricos que demonstram que a exposição das crianças a *smartphones, tablets* e outros dispositivos eletrônicos eleva o risco de terem problemas de comportamento ou perturbações de déficit de atenção. Esses dados também indicam que esse déficit está, sem sombra de dúvidas, sobrediagnosticado; ou seja, há uma percentagem relativamente elevada de crianças que tomam medicação psiquiátrica que, na verdade, não precisam. A tendência para sobrediagnosticar o déficit de atenção é apenas a ponta do iceberg. Longe de serem as responsáveis, as farmacêuticas só aproveitam o contexto educativo de muitos lares. As longas jornadas de trabalho, a falta de dedicação dos pais, a falta de paciência e de limites e – como já indicamos – o aparecimento dos *smartphones* e dos *tablets* parecem estar – pelo menos em parte – por trás do enorme aumento de casos de perturbação de déficit de atenção e de depressão infantil.

Há muitos programas milagrosos que prometem desenvolver a inteligência da criança, mas quando esses programas se submetem ao rigor científico não demonstram qualquer eficácia. Provavelmente a razão pela qual muitos deles fracassam é porque o seu principal interesse é acelerar o processo natural de desenvolvimento cerebral, julgando que chegar antes permite chegar mais longe. Porém, o desenvolvimento cerebral não é um processo que se possa acelerar sem perder parte das suas propriedades. Da mesma forma que um tomate transgênico, que amadurece em poucos dias e atinge dimensões e cor "perfeitas", perde a essência do seu sabor, um cérebro que se desenvolve sob pressão, com pressa para ultrapassar etapas, pode perder pelo caminho parte da sua essência. A empatia, a capacidade de esperar, a sensação de calma ou o amor não podem ser cultivados como se estivessem em uma estufa; requerem um crescimento lento e progenitores pacientes que saibam esperar que a criança dê os seus melhores frutos, precisamente quando estiver preparada para dá-los. Esse é o motivo pelo qual as descobertas mais importantes da neurociência em relação ao desenvolvimento do cérebro da criança se concentram em aspectos aparentemente simples como a influência positiva da ingestão de fruta e peixe durante a gravidez e os primeiros anos de vida da criança, os benefícios psicológicos de embalar o bebê nos primeiros anos de vida, tal como o papel do afeto no desenvolvimento intelectual da criança ou a importância das conversas entre mãe e filho no desenvolvimento da memória e da linguagem em um reconhecimento claro de que no desenvolvimento cerebral o essencial é o que é realmente importante.

    A verdade é que sabemos muitas coisas sobre o cérebro que poderiam ajudar os pais e as mães, mas que infelizmente eles desconhecem. Quero ajudá-lo a saber como pode influenciar de forma muito positiva o desenvolvimento cerebral do seu filho. Há centenas de estudos que provam que o cérebro tem uma enorme plasticidade e que os pais que utilizam as estratégias adequadas ajudam em maior medida os seus filhos a terem um desenvolvimento cerebral equilibrado. Por isso juntei os fundamentos, as ferramentas e as técnicas que podem ajudá-lo a ser a melhor influência no desenvolvimento intelectual e emocional do seu filho. Com isso você não só vai conseguir ajudá-lo a desenvolver boas capacidades intelectuais e emocionais, mas também vai contribuir para prevenir dificuldades no seu desenvolvimento, tal como o déficit de atenção, a depressão infantil ou os problemas de comportamento. Estou convencido de que conhecimentos básicos sobre a forma como se desenvolve e se constrói o cérebro da criança podem ser de grande ajuda para os pais e as mães que os quiserem aproveitar. A meu ver, os conhecimentos, as estratégias e as experiências que você vai encontrar em seguida contribuirão para fazer do seu trabalho como pai ou mãe uma experiência plenamente satisfatória. Mas, sobretudo, espero que mergulhar no maravilhoso mundo do cérebro da criança o ajude a estabelecer uma relação com a sua criança perdida e a compreender melhor os seus filhos, para dessa forma obter o melhor de cada um de vocês.

Parte I
Fundamentos

1
Princípios para um desenvolvimento cerebral pleno

> "As pessoas inteligentes guiam-se por planos; as sábias, por princípios."
>
> Raheel Farooq

Um princípio é uma condição universal e necessária que nos permite explicar e compreender o mundo que nos rodeia. A lei da gravidade é um princípio básico da astronomia, a higiene é um princípio básico da saúde e, por exemplo, a confiança mútua é um princípio básico da amizade. Como em qualquer tarefa à qual o ser humano se entrega, na educação da criança também há princípios básicos que fazem com que qualquer pai saiba o que tem de fazer na maioria das situações, e recorra a eles para contrabalançar as alternativas que se apresentem na sua educação e bem-estar.

Como qualquer pai, você enfrentou e enfrentará muitos dilemas durante o longo processo de amadurecimento dos seus filhos. Podem ser questões concretas e práticas, como escolher entre repreender ou ser paciente, decidir esperar que termine o prato ou permitir-lhe deixar um pouco de comida.

O cérebro da criança explicado aos pais

Mas também podem ser questões mais vastas e quase filosóficas, como escolher em que tipo de escola o matriculamos, decidir se o inscrevemos em atividades extracurriculares ou tomar uma posição em relação ao tempo que passa em frente da televisão ou com os jogos do celular. Na verdade, todas as decisões, as filosóficas e as aparentemente insignificantes, vão condicionar o desenvolvimento do cérebro do seu filho e, portanto, é bom que você as estabeleça em princípios claros, práticos e sólidos.

Nesta primeira parte do livro, vou apresentar-lhe os princípios básicos sobre o desenvolvimento do cérebro da criança que qualquer pai deve conhecer. São quatro ideias muito simples que você vai entender e que nunca esquecerá. Mas, sobretudo, são quatro linhas orientadoras sobre as quais construir o seu trabalho de educar o cérebro intelectual e emocional do seu filho. São os princípios nos quais baseei a educação dos meus filhos e que me guiam quando enfrento qualquer decisão em relação a ela. Tenho a certeza de que, se mantiver esses princípios na mente durante o dia a dia e quando se deparar com dúvidas sobre a educação dos seus filhos, a sua decisão será a mais acertada.

2
Seu filho é como uma árvore

"Se você consegue ser algo diferente daquilo que realmente pode chegar a ser, certamente só chegará a ser infeliz."

Abraham Maslow

Provavelmente, você já viu alguma vez um potro ou um cervo recém-nascido tentando manter-se de pé em cima das suas próprias patas. Uns minutos depois é capaz de se levantar e, ainda tremendo, de dar os primeiros passos atrás da mãe. Para o ser humano, cujas crias demoram aproximadamente um ano para dar os primeiros passos – e, em alguns casos, 40 para emanciparem-se da casa dos pais –, assistir a esse espetáculo pode ser fascinante. A necessidade de proteção do humano recém-nascido é absoluta. Nenhum outro mamífero precisa de tanta proteção como o bebê humano. Isto faz com que, na mente de muitos pais, o seu filho se apresente como um ser frágil e dependente. Embora isto seja verdade durante o primeiro ano de vida, e em alguns sentidos práticos durante os anos seguintes, gostaria que ao terminar este capítulo você ficasse com a ideia de que o seu filho é essencialmente igual ao cervo, à zebra ou ao potro que tenta pôr-se de pé pouco tempo depois de nascer.

O cérebro da criança explicado aos pais

É verdade que o bebê não é capaz de seguir os passos da mãe quando sai do hospital onde ela o deu à luz. Porém, é capaz de fazer uma coisa igualmente fascinante. Se no próprio momento do parto o recém-nascido for colocado em cima da barriga da mãe, longe de se acalmar, começará a se arrastar até vislumbrar a mancha escura do mamilo da mãe, e continuará a escalar até atingi-lo. Se você teve o privilégio de presenciar essa cena, estará de acordo comigo em que esse é um espetáculo maravilhoso para qualquer pai. No entanto, é algo totalmente natural. Cada ser humano está programado com o estímulo necessário para conquistar a sua autonomia e felicidade. O conceito de que o ser humano tem uma tendência natural para se desenvolver plenamente é uma premissa muito comum e aceita no mundo da psicologia e da pedagogia. Também é um princípio básico da biologia: todos os seres vivos têm uma tendência natural para crescer e para se desenvolver plenamente. Em terra fértil e com um mínimo de luz e água, uma semente de carvalho irá crescer de uma maneira imparável, engrossando e esticando o seu tronco, estendendo os seus ramos e abrindo as suas folhas até atingir o tamanho e a majestosidade de um carvalho adulto. Da mesma forma, um pássaro desenvolverá a plumagem, a força nas asas e a destreza no bico para voar, caçar minhocas e criar o seu próprio ninho, e uma baleia-azul crescerá até se transformar no ser mais descomunal do nosso planeta. Se nada o impedir, todos os seres da natureza têm uma tendência natural para atingir todo o seu potencial. O seu filho também. Os primeiros a reparar nesse princípio foram os psicólogos da chamada corrente "humanista", em meados do século XX. Naquela altura, a psicologia debatia-se entre duas grandes escolas: a psicanálise, que defendia principalmente que o ser humano estava condicionado por desejos e necessidades inconscientes, e o condutismo ou behaviorismo, que destacava o papel das recompensas e dos castigos na determinação dos nossos comportamentos e da nossa própria felicidade. Abraham Maslow, pai da psicologia humanista, defendia a tese de que o ser humano, tal como outros seres vivos, tem uma tendência natural para o desenvolvimento pleno. No caso da cerejeira, esse desenvolvimento pleno traduz-se no florescimento todos os meses de abril, e em dar frutos doces e deliciosos; no caso da chita, desenvolver-se plenamente significa correr mais rapidamente do que qualquer outro animal terrestre, e no caso do esquilo significa ser capaz de ter um ninho e de juntar frutos secos para o inverno. Para o ser humano, atingir o potencial tem conotações que implicam uma maior evolução do que nas plantas ou nos animais, embora o princípio de desenvolvimento seja o mesmo. Já que o seu filho tem um cérebro complexo, que lhe permite sentir e pensar, desenvolver relações sociais e atingir metas, a sua natureza pede-lhe um pouco mais do que a um pássaro. O cérebro humano mostra uma tendência natural para se sentir bem consigo próprio e com outras pessoas, para procurar a sua felicidade e encontrar sentido para a sua existência. Nós, psicólogos, chamamos "autorrealização" a esta finalidade de todo o ser humano, e sabemos que qualquer pessoa, caso se reúnam as condições necessárias, tem tendência para ela. O próprio Steven Pinker, um dos neurocientistas que mais têm estudado a evolução do nosso cérebro, garante que a luta pela vida, o desejo de liberdade e a procura da própria felicidade fazem parte do nosso DNA. Segundo Maslow, atingir o potencial significa para o ser humano sentir-se bem com outras pessoas, sentir-se bem consigo próprio e conseguir atingir um estado de harmonia e de satisfação plena. Nesse sentido, Maslow ilustrou essa tendência para o desenvolvimento com uma pirâmide de necessidades básicas que acredito que você conheça, porém quis compartilhar nesta versão orientada para as necessidades das crianças.

Como bem ilustra a imagem, da mesma forma que uma árvore precisa de condições mínimas para crescer e se desenvolver – basicamente um pouco de terra fértil, água, luz do sol e espaço para crescer –, o cérebro do seu filho também tem alguns requisitos básicos. No ser humano, a terra firme, no primeiro nível, equivale a uma segurança física que lhe permite crescer com as necessidades básicas de alimentação, descanso e higiene satisfeitas, bem como um ambiente de segurança em um lar livre de ameaças ou maus-tratos corresponde ao segundo nível. O terceiro nível, a água com a qual se rega o cérebro, não é nada mais do que o carinho de pais afetuosos que protegem e alimentam emocionalmente a criança e a ajudam a ter uma autoestima elevada. Em quarto lugar, da mesma forma que a árvore precisa de espaço para se desenvolver, a criança precisa da confiança e da liberdade dos pais, já que de outra forma o seu talento e desejo de explorar podem acabar por ficar sufocados pela insegurança e pela falta de espaço que os seus pais lhe transmitem. Finalmente, como os ramos da árvore se estendem para alcançar os raios de sol, o cérebro da criança procura de uma forma natural estímulos que lhe permitam explorar, brincar, sentir e descobrir o mundo dos objetos e das pessoas que a rodeiam procurando sempre um desenvolvimento pleno. Em diferentes capítulos do livro, exploraremos essas quatro condições básicas, mas imprescindíveis, para um desenvolvimento cerebral pleno. Neste capítulo, quero destacar a importância da confiança. Não se esqueça de que o seu filho é como uma árvore programada para crescer e para se desenvolver plenamente. Nem os professores, nem os pais, nem o próprio filho sabem ainda que tipo de árvore vai chegar a ser. Com os anos, você conseguirá descobrir se o seu filho é uma imponente sequoia, um choupo solitário, uma cerejeira cheia de frutos, uma resistente palmeira ou um majestoso carvalho. Pode confiar no fato de que o cérebro do seu filho está programado para se desenvolver plenamente e para atingir todo o seu potencial. Em muitos casos, o seu único trabalho será precisamente este: confiar.

3
Desfrute do momento

"A verdadeira generosidade para com o futuro consiste em dar tudo no presente."

Albert Camus

Há aproximadamente cinco anos, eu ia apressado a caminho do trem que me leva todos os dias para o trabalho quando encontrei o nosso açougueiro. Muito sorridente, disse-me: "Bom dia! Está tudo bem?" Naquela época, tinha começado a levar o meu filho à creche todas as manhãs. Levantava-me uma hora mais cedo do que o habitual para poder aprontar-me antes de ele acordar. Embora sempre tivesse desejado ter uma família e adorasse crianças, a verdade é que, tal como acontece com muitos pais novatos, sentia que tinha demasiadas responsabilidades e lamentava a minha falta de liberdade. O esforço equivalia a acordar duas vezes, vestir-me duas vezes, tomar o café da manhã duas vezes e ir para o trabalho duas vezes. Era uma mudança drástica em relação à minha vida anterior, na qual só tinha de me preocupar comigo mesmo. Estava cansado, deslocado e, de certa forma, não me sentia muito feliz. Consequentemente, queixei-me do meu cansaço ao açougueiro e lamentei minha falta de tempo. Ele, um homem mais velho e, como tal, mais sábio do que eu, deu-me um conselho que nunca vou esquecer: "Com os filhos, o tempo passa, e só passa uma vez. O que você deixar de fazer agora não voltará. Você o perderá para sempre." Nesse momento o meu cérebro despertou. Acordei.

Desfrutar da paternidade

Ser pai ou mãe é muito mais do que uma responsabilidade. É um privilégio. Ouço frequentemente pais que, como eu naquele terceiro dia de creche, vivem a paternidade como um fardo. Incomodam-se continuamente com a sua perda de liberdade, com o cansaço ou com a frustração que implica criar um filho, e parecem não aproveitar o que a paternidade pode proporcionar. Ser pai ou mãe significa, sem dúvida, renunciar ou adiar muitas coisas; o tempo livre, as viagens, a carreira profissional ou o descanso passam para segundo plano. Qualquer pai sabe que ter um filho significa abdicar de viver despreocupado para viver muito, muito ocupado. Do meu ponto de vista, toda essa renúncia só faz sentido se nos compensar de outro lado, e com as crianças a maior compensação é a satisfação.

Se você costuma sentir-se preocupado perante a responsabilidade do cuidado dos seus filhos, quero que tente voltar a sua atenção para algo mais positivo. Quando o cérebro muda o alvo da atenção, é capaz de ver as coisas de uma forma totalmente diferente. Repare no desenho a seguir.

Dr. Álvaro Bilbao

Foi desenhado em 1915 e representa uma esposa e uma sogra (o título original é *A minha mulher e a minha sogra*, de W. E. Hill). É capaz de ver as duas? O mais curioso do desenho é que, dependendo do lugar da tela onde fixe a sua atenção, parecerá uma jovem ou uma idosa. Se reparar na parte do desenho na qual as lapelas do casaco estão quase a juntar-se, verá um proeminente queixo e o desenho parecerá a representação de uma idosa. Se, pelo contrário, prestar atenção à parte da cara que se encontra por baixo do chapéu, verá a silhueta de uma jovem mulher com a cabeça de lado. Idosa ou jovem. Sogra ou esposa. Na verdade, as duas existem simultaneamente no desenho, mas não podem ser vistas ao mesmo tempo. De certa forma, a experiência de criar filhos é parecida com a desse quadro. Você pode passar toda a vida dando atenção ao rosto amargo que implica o sacrifício ou centrar a sua atenção na beleza de ver os seus filhos crescerem.

Levar o seu filho adormecido até a sua cama significa que ele se sente plenamente seguro nos seus braços. Chegar tarde ao trabalho porque vocês pararam para apanhar pinhões a caminho da escola significa que nessa manhã você pôde saborear um momento mágico ao lado da sua filha. Passar uma noite acordado porque os dentes de seu filho estão nascendo significa estar ao seu lado quando ele não se sente bem, e renunciar a um dia de trabalho por ter de ir à festa da sua escola significa estar presente nos momentos importantes da sua vida. Mas não tenha dúvida de que existirão momentos duros. No entanto, se você quer ir mais além da sobrevivência e ter uma experiência plena e satisfatória como pai ou mãe, recomendo-lhe que reoriente a sua atenção para o lado belo da paternidade e que desfrute dele com todas as suas forças.

Aproveite o momento

Como anuncia a citação de Maria Montessori na introdução deste livro, os primeiros seis anos são os mais importantes na vida do seu filho. Durante esses anos, desenvolve-se a segurança em nós próprios e no mundo que nos rodeia, desenvolvemos a linguagem, fixa-se a nossa forma de aprender e estabelecem-se as bases que futuramente nos permitirão resolver problemas e tomar decisões.

Nesse sentido, é muito importante aproveitar os primeiros anos de vida do seu filho para estar com ele e ajudá-lo a desenvolver as suas capacidades cognitivas e emocionais. Não se trata de levar o seu filho a complexos programas de estimulação precoce nem de matriculá-lo na melhor creche do bairro. Em cada brincadeira, em cada choro, em cada passeio e a cada mamada há uma oportunidade para educar e potenciar o desenvolvimento cerebral dos seus filhos. Longe da escola e ainda mais longe das aulas extracurriculares, sabemos que durante esses primeiros anos de vida são os pais e os irmãos quem mais influenciarão no seu desenvolvimento e amadurecimento. Os valores, as normas, a perspicácia, a memória e a capacidade para enfrentar problemas transmitem-se através da linguagem, das brincadeiras, dos gestos grandes e pequenos, e de todos os outros detalhes – aparentemente pequenos – que compõem a educação. Este livro busca, precisamente, dar-lhe ferramentas e estratégias que possam ser aplicadas na vida diária e que permitam que o seu filho aprenda sem pressões por meio da brincadeira e da satisfação; de forma natural que ajude a construir uma relação satisfatória e duradoura entre vocês.

Desfrute o momento

Se para todas as pessoas que estão decididas a aproveitar a vida há uma máxima: "Aproveite o momento" (*Carpe diem*), para nós, que queremos ajudar os nossos filhos a desenvol-

O cérebro da criança explicado aos pais

verem todo o seu potencial, a máxima devia ser: "Desfrute o momento". A satisfação deve ser uma parte fundamental do desenvolvimento da criança. O motivo é muito simples: nós, adultos, entendemos o mundo em forma de ideias, palavras e raciocínios, mas você já pensou alguma vez na percepção que os seus filhos têm do mundo? Nem todos os seres vivos entendem o universo que os rodeia da mesma maneira. Por exemplo, o cérebro do cão percebe o mundo através dos cheiros; o do morcego, através dos ruídos que chocam com o seu sonar; e o da abelha através de impulsos eletromagnéticos. Do mesmo modo, a criança, sobretudo durante os primeiros anos de vida, percebe o mundo de uma forma completamente diferente da nossa. A criança percebe o mundo, principalmente, por meio da brincadeira e do afeto.

Nesse sentido, brincar é essencial para apoiar o desenvolvimento intelectual e emocional da criança. É evidente que ela também pode aprender com pais pouco ou nada brincalhões, mas a brincadeira traz muitas vantagens. O cérebro da criança está concebido para aprender por meio da brincadeira. Quando brincamos com uma criança, esta entra em modo aprendizagem; todos os seus sentidos se centram na atividade, ela é capaz de permanecer concentrada, de reparar bem nos nossos gestos e palavras e de recordá-los muito melhor do que quando a instruímos ou lhe damos ordens. Quando brincamos com a criança, entramos em contato emocional com ela; a própria brincadeira desperta as suas emoções, mas também o contato físico com o pai ou a mãe, que a têm ao colo e a abraçam ou mordiscam como parte da brincadeira. Quando uma criança brinca é capaz de interpretar papéis, de se pôr no lugar do outro e de pensar no futuro. Quando uma criança brinca é capaz de pensar e de agir com maior inteligência e maturidade do que aquelas que são próprias da sua idade, porque a brincadeira expande a sua mente como nenhuma outra atividade. Se quer entrar no mundo do seu filho e trabalhar a partir da sua perspectiva, recomendo-lhe que se sente ou se deite no chão e que se ponha ao seu nível. Não há melhor forma de chamar a atenção de uma criança. Garanto-lhe que, sem dizer nada, qualquer criança que esteja nessa divisão se aproximará de si, desejosa de brincar, feliz porque se aproximou do seu mundo de emoções e de brincadeira. Convido-o a sentar-se na primeira fila da vida dos seus filhos. E por isso vou recomendar-lhe neste capítulo, e ao longo de todo o livro, que se sente no tapete e que utilize a brincadeira e a diversão como ferramentas de educação. O chão da sua casa vai ser o lugar mais privilegiado para observar e participar no desenvolvimento cerebral da criança. Desfrute disso.

4
O ABC do cérebro para pais

"Investir em conhecimento rende sempre os melhores juros."

Benjamin Franklin

Sei em primeira mão que ter conhecimentos básicos sobre como funciona e se desenvolve o cérebro pode ser extremamente prático para guiar os pais na educação dos seus filhos. Não é preciso ser um neurocientista. Basta uma breve explicação para que consiga entender algumas ideias fundamentais que o ajudarão a tomar decisões e o guiarão no processo de educação dos seus filhos. Durante toda a leitura, você encontrará informação útil e prática para ajudar o seu filho a desenvolver todo o seu potencial. Neste capítulo, vamos abrir as portas do desconhecido mundo do cérebro, para que você entenda o seu ABC; o que qualquer pai deve saber para ajudar o filho a desenvolver todo o seu potencial. São três ideias muito simples que você vai poder compreender e relembrar perfeitamente.

Conexão

Um bebê, ao nascer, tem quase a totalidade dos cem mil milhões de neurônios que terá quando for mais velho.

O cérebro da criança explicado aos pais

A principal diferença entre o cérebro da criança e o do adulto é que esses neurônios terão desenvolvido trilhões de conexões entre si. A cada uma dessas conexões chamamos "sinapses". Para ter uma ideia da incrível capacidade de interconexão cerebral, você deve ter em conta que essas conexões podem criar-se em apenas dois segundos, e que alguns neurônios podem chegar a conectar-se com 500 mil neurônios vizinhos.

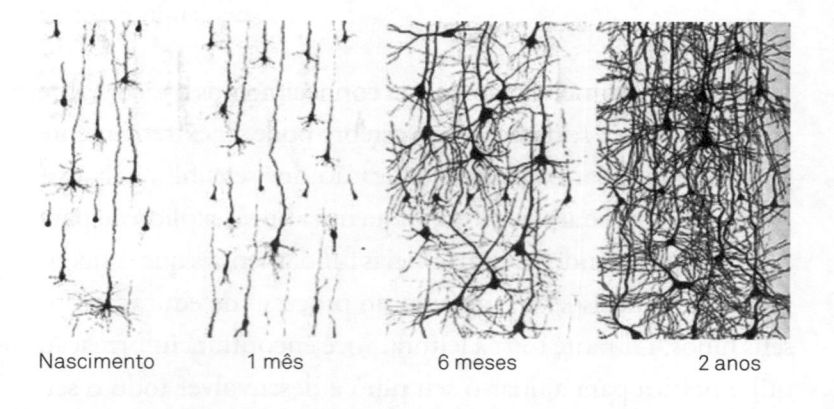

| Nascimento | 1 mês | 6 meses | 2 anos |

Mais interessante do que esses números é o fato de que cada uma dessas conexões pode traduzir-se em uma aprendizagem que o cérebro da criança realizou. A posição, a força e a direção do dedo polegar no momento de pegar o seu dinossauro preferido ficam refletidas no cérebro da criança em diferentes conexões neuronais e, também, na sensação de que quando se concentra consegue o que quer. Quando você fala com o seu filho, quando lhe dá um beijo, ou simplesmente quando ele o observa, o seu cérebro realiza conexões que o ajudarão a enfrentar a sua vida como adulto. Neste livro, vou ensinar-lhe a estabelecer uma ligação com o seu filho para que ele possa realizar conexões úteis que lhe permitam conseguir atingir as suas metas e sentir-se bem consigo. Vamos dedicar um capítulo inteiro a dar-lhe pistas sobre como pode ajudar seu filho a criar conexões úteis com mais eficácia. Por ora, só vou pedir que você se lembre de que cada coisa que ensina a ele vai ficar gravada em forma de conexão que, provavelmente, o acompanhará ao longo de toda a sua vida.

Razão e intuição

A letra B, neste ABC do cérebro para pais, o ajudará a ampliar a sua concepção da inteligência do seu filho e será útil para ajudá-lo a aumentar a confiança em si próprio. A parte mais externa do cérebro, à qual também chamamos "córtex cerebral", está dividida em dois hemisférios: o esquerdo e o direito. O hemisfério esquerdo controla os movimentos da mão direita e é o dominante na maior parte das pessoas. Dentro das funções próprias desse hemisfério encontra-se a capacidade de falar, ler ou escrever, de recordar os nomes das pessoas, de ter autocontrole ou de nos mostrarmos proativos e otimistas perante a vida. Poderíamos dizer que esse hemisfério tem um caráter racional, lógico, positivo e controlador. O hemisfério direito controla a mão esquerda e, tal como acontece com essa mão, a sua atividade intelectual costuma passar mais despercebida, embora, como irá verificar, as suas funções sejam igualmente importantes. Esse hemisfério representa e interpreta a linguagem não verbal, cria impressões rápidas e gerais, tem visão de conjunto e é capaz de detectar os pequenos erros e de corrigi-los imediatamente. O seu caráter é mais intuitivo, artístico e emocional.

Hemisfério esquerdo
Estabelecer regras e sistemas
Pensamento lógico
Linguagem
Reflexão
Ciência
Razão

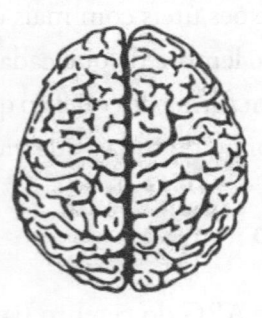

Hemisfério direito
Dar sentido às partes
Pensamento intuitivo
Criatividade
Emotivo
Música
Arte

Com essa diferenciação, não quero dizer que os canhotos sejam mais intuitivos e os destros mais lógicos (estas diferenças não foram detectadas). Também não quero que se julgue que as crianças podem ser intuitivas ou racionais. Na verdade, sabemos que todas as pessoas precisam das funções dos dois hemisférios para ter um desenvolvimento cerebral pleno. Um pintor precisa ter uma boa visão de conjunto – hemisfério direito –, mas também precisa de um bom controle de cada um dos seus traços – hemisfério esquerdo. Da mesma forma, um advogado precisa conhecer muitas leis escritas – hemisfério esquerdo –, mas também precisa saber defender o sentido geral que as legitima – hemisfério direito. Ao longo da última parte deste livro, você poderá aprender a apoiar o desenvolvimento cerebral das diferentes partes representadas nos dois hemisférios, mas também vai poder entender a influência de cada um deles no desenvolvimento emocional da criança.

Três cérebros em um

Provavelmente, o dado mais útil que qualquer pai pode conhecer sobre o cérebro dos seus filhos é aquele que vou revelar-lhe em seguida. O cérebro humano evoluiu durante milhões de anos desde as formas de vida mais primitivas até se transformar na obra mais complexa da criação. Muitas pessoas julgam que o fruto de toda essa evolução é um cérebro que nos permite raciocinar melhor. Porém, a realidade é diferente dessa concepção do cérebro como um órgão frio e calculista. Durante estes milhões de anos, o cérebro foi criando estruturas que lhe permitiram encontrar alimento, evitar perigos, procurar segurança e, por último, comunicar e resolver problemas complexos de forma eficaz. Toda essa evolução ficou expressa em um cérebro que, em vez de se ir transformando em algo diferente do que foi, se atualizou e assimilou novas capacidades e ferramentas, para além daquelas que já possuía. Os diferentes passos dessa evolução ficaram refletidos na própria configuração do cérebro, permitindo-nos distinguir estruturas mais antigas, altamente especializadas em processar emoções, e outras mais modernas, capazes de complexas operações intelectuais. Na minha opinião, não se pode educar sem prestar atenção à educação dos diferentes níveis ou escalões que caracterizam o cérebro da criança.

O cérebro da criança explicado aos pais

Cérebro racional

Cérebro emocional

Cérebro reptiliano

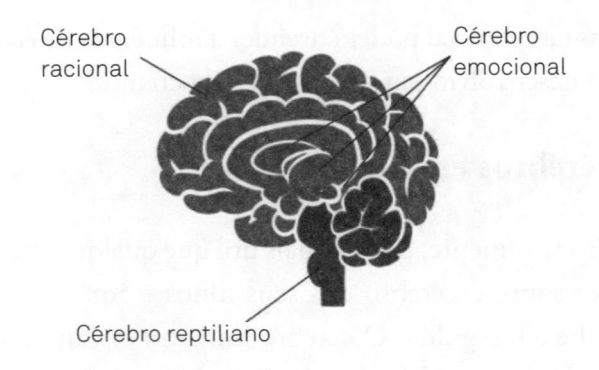

Uma metáfora que ajuda a compreender as diferentes etapas e estruturas que caracterizam o cérebro humano é a de que temos três cérebros em um.

O **cérebro reptiliano** é o mais primitivo de todos e encontra-se na parte inferior. É o cérebro que partilhamos com os répteis e que nos permite lutar pela nossa sobrevivência. Neste cérebro encontram-se estruturas que fazem o nosso coração bater e que nos permitem respirar, outras que regulam os estados de alerta (estarmos acordados ou dormindo), detectam as mudanças de temperatura e a sensação de fome.

Em um segundo nível, temos uma série de estruturas chamadas **cérebro emocional**. Este cérebro foi desenvolvido pelos primeiros mamíferos e baseia o seu funcionamento na capacidade de distinguir emoções agradáveis e desagradáveis. Assim, este cérebro ativa-se para evitar sensações desagradáveis (perigos, ameaças e situações que nos provocam medo) e para procurar e perseguir emoções agradáveis (nos alimentar, estar com pessoas que nos fazem sentir bem, que nos dão carinho).

No último nível, o mais evoluído, podemos encontrar o **cérebro racional** ou superior. Aquele que distingue os seres humanos de outros animais e que nos permite ter consciência de nós próprios, comunicar, raciocinar, colocarmo-nos no lugar do outro ou tomar decisões baseadas em um pensamento mais lógico ou intuitivo.

Como você pode ver, longe de ser apenas um órgão frio e racional, o cérebro humano é um órgão de razão, sentimentos e emoções. Na verdade, na criança os cérebros reptiliano e emocional são aqueles que mandam. Até ao primeiro ano de vida, os pais devem interagir principalmente com o cérebro primitivo da criança. Nesse nível, é inútil raciocinar perante um bebê que se sente incomodado ou esfomeado, já que não é a parte racional do cérebro que pode resolver o problema. A única saída está em satisfazer as suas necessidades e reconfortá-lo quando tem fome, frio ou sono. A partir do primeiro ano de vida, a parte emocional do cérebro convive com a reptiliana, e os pais devem lidar com diferentes tipos de estratégias para ser capazes de dialogar tanto com os instintos mais primitivos da criança como com as suas necessidades emocionais de amor e segurança. Nesse nível, os limites, a empatia e, sobretudo, o afeto serão as estratégias mais úteis para qualquer pai. Um pouco mais à frente, perto do terceiro ano de vida, o cérebro racional ganha um grande protagonismo na vida da criança. Ela é capaz de controlar os seus instintos básicos e de se deixar guiar pela sua razão, intuição e vontade. Apesar disso, ainda

O cérebro da criança explicado aos pais

precisa de uma grande dose de afeto e de compreensão para conseguir dominar o seu cérebro emocional e, quando está cansada, com sono e esfomeada (especialmente no fim do dia), o seu cérebro reptiliano ainda pode controlar o seu comportamento. Nesses casos, o adulto quase nunca consegue controlar o choro da criança por meio de palavras, pois, tal como o bebê, esta só quer que satisfaçam as suas necessidades mais primárias, ou seja, que a alimentem ou a deixem dormir. A seguir, preparei uma tabela que pode ser muito útil para saber como lidar com cada nível de processamento cerebral.

Parte do cérebro	Experiência da criança	Estratégias efetivas
Cérebro reptiliano	Tem fome, sono, dor. Chora desconsoladamente.	Satisfazer a sua necessidade. Acalmar o seu incômodo.
Cérebro emocional	Sente-se animado, assustado, frustrado, irritado, quer conseguir alguma coisa.	Ajudá-lo a conseguir o que quer, conformar-se com o que não pode ter, ter empatia. Dar-lhe segurança e afeto.
Cérebro racional	Recorda fatos relevantes, quer conseguir alguma coisa, quer concentrar-se. Sente-se insatisfeito ou preocupado,	Ajudá-lo a pensar, a concentrar-se ou a relembrar. Ajudá-lo a conectar-se com o seu cérebro emocional.

Dr. Álvaro Bilbao

O pai e a mãe inteligente são capazes de estabelecer um diálogo com cada uma das partes do cérebro da criança quando estas mandam. Assim, a mãe de uma criança que está triste porque o seu professor não a escolheu para ser representante da classe poderá ajudá-la a compreender tanto os seus desejos como os seus sentimentos. O pai de uma criança que está contente e com vontade de brincar se deitará no chão para brincar com ela, e a mãe de uma criança que está desanimada e zangada porque é muito tarde decidirá trocar o jantar por um copo de leite para deixar a criança ter o descanso de que tanto precisa. Levar em conta esses três níveis de processamento cerebral pode ser muito útil para ajudar a criança a acalmar-se e a avançar em nas diferentes situações do dia a dia. Ao longo dos próximos capítulos, vamos analisar melhor as estratégias que o ajudarão a estabelecer uma ligação com os diferentes níveis de processamento cerebral, e, o que é mais importante, a ensinar o seu filho a dialogar com todas as partes do seu cérebro.

5
Equilíbrio

"Uma boa cabeça e um bom coração formam sempre uma combinação formidável."

Nelson Mandela

Na minha opinião, um dos pilares fundamentais que qualquer pai ou educador deve ter presente no momento de educar os filhos ou alunos é o equilíbrio. Os budistas chamam a esse equilíbrio "caminho médio", e segundo eles é uma das maneiras de atingir a sabedoria. Neste livro, daremos especial atenção ao equilíbrio na educação dos filhos. Em primeiro lugar, analisaremos a importância de favorecer um desenvolvimento equilibrado entre o cérebro emocional e o racional. Em segundo lugar, vamos falar do equilíbrio como a capacidade de ter senso comum no momento de educar a criança e de tomar decisões em relação ao seu cuidado.

Cérebro emocional e cérebro racional

A maioria dos pais e das mães quer transmitir aos filhos duas coisas: que sejam felizes e que possam ser autossuficientes. Em muitos casos dedicam muito esforço à sua formação acadêmica, pois estão convencidos de que uma mente brilhante abrirá todas as portas que podem levar uma pessoa a ser feliz. Trabalho, amor, amizade, sucesso e um certo grau de conforto. Porém, a ideia de que um maior desenvolvimento intelectual proporciona uma maior felicidade está totalmente errada. A verdade é que não existe nenhuma correlação entre inteligência racional e inteligência emocional. Para os que não estão habituados às estatísticas, vou traduzir este dado: não existe nenhuma relação entre a capacidade intelectual e a capacidade emocional de uma pessoa. Provavelmente você já teve oportunidade de comprovar esse dado. O mundo está cheio de pessoas com excelentes capacidades intelectuais, mas que não têm empatia, sofrem de estresse crônico ou, tendo todo o sucesso possível, não conseguem encontrar a felicidade. Por sua vez, creio que você já conheceu pessoas sem estudos, com um desenvolvimento intelectual humilde, e que, no entanto, são pessoas afetuosas, afáveis e que têm muito senso comum. Para a pessoa que se considera inteligente, não há nada pior do que encontrar uma pessoa simples mais sábia do que ela.

O motivo pelo qual existem essas discrepâncias é muito simples. Como já vimos, a inteligência emocional e a racional estão localizadas em áreas bem diferentes do cérebro, e, portanto, são independentes. Enquanto todo o córtex racional tenta conseguir que a criança se relacione com o mundo por meio de suas capacidades intelectuais, o cérebro emocional é governado pelas leis das emoções. Se para o cérebro racional uma maior análise da situação conduz a um melhor resultado, para o cérebro emocional são as primeiras impressões e a própria experiência que orientam o processo de tomada de decisões. Não é que exista um estilo de pensamento melhor ou pior, mas sim que diferentes circunstâncias exigem uma maior inteligência emocional ou intelectual. Para além disso, sabemos que as pessoas que são capazes de ter um bom equilíbrio entre esses dois cérebros não só são as mais felizes, mas também as que têm maior capacidade para atingir as suas metas. Nesse sentido, uma educação equilibrada é aquela que presta tanta atenção ao cérebro intelectual como ao cérebro emocional. Não só para que cada um deles se desenvolva plenamente, mas, sobretudo, para que saibam dialogar entre si, e a criança possa conseguir ser um adulto que vive as suas emoções, os seus sentimentos e os seus pensamentos harmoniosamente.

Educar com senso comum

Provavelmente, um dos erros mais comuns entre os pais, no que se refere à educação, é levá-la aos extremos. Curiosamente, essa atitude é relativamente frequente entre os pais que mais leem e se informam sobre como devem educar os filhos. Os extremos costumam ocorrer em qualquer direção, mas o "pai intolerante" tem ideias fixas e exatas sobre quanto leite deve tomar o seu bebê, quão esterilizadas devem estar as mamadeiras, quantos meses, semanas e dias o bebê deve mamar para ter um desenvolvimento imunológico adequado, ou quantos beijos, abraços e carícias deve lhe dar antes de começar a impor-lhe limites. Esses pais costumam ter boas intenções e baseiam os seus princípios em teorias bem fundamentadas, por vezes mal interpretadas, e, quase sempre, levadas ao extremo. Talvez os pais só devessem ler um ou dois livros simples sobre educação. Como neuropsicólogo, posso garantir-lhe que quando o cérebro recebe excesso de informações ou elas são contraditórias, ele reage com ansiedade, o que faz com que a pessoa se agarre apenas a uma parte da informação e esqueça outros dados igualmente importantes e complementares.

Para todos os pais que se reconhecerem nessa descrição de pai ou mãe "intolerantes", aqueles que sentem que há normas claras para educar os seus filhos, só lhes posso dizer que, se criar um filho fosse tão complexo, milimétrico, absoluto ou exato como eles julgam, a nossa espécie já se teria extinguido há milhões de anos. Se um desmame um pouco prematuro, uma mamadeira não esterilizada, um abraço não dado ou uma noite sem a loção hidratante fossem realmente tão importantes como eles julgam, posso lhes garantir que não existiria um único ser humano na face da Terra. A verdade é que as crianças crescem saudáveis e felizes em uma tribo de esquimós, no meio da selva ou viajando em uma caravana de camelos pelo deserto. Não é preciso medir milimetricamente as colheradas de cereais que pomos na mamadeira, não há problema se ficarmos uma noite sem creme hidratante e também não faz mal que a criança sinta alguma decepção pelo fato de a sua mãe decidir acabar de se vestir antes de lhe pegar no colo. Criar um filho é muito mais simples e instintivo do que às vezes julgamos.

Em relação à educação da criança, há evidências que comprovam que os extremos não são positivos. Vejamos alguns exemplos. Como todos sabem, os germes podem provocar infecções e distúrbios digestivos. Muitos pediatras recomendam que durante os primeiros meses de vida se esterilizem as mamadeiras, seus bicos e as chupetas, com o objetivo de proteger o sistema imunológico do bebê perante as doenças. Em alguns casos, a obsessão por eliminar os germes converte-se em uma febre por criar um mundo completamente estéril. Porém, sabemos que esse extremo não é benéfico para a criança. Segundo um estudo recente realizado na Suécia e publicado na prestigiada revista *Pediatrics*, parece que há melhores alternativas à esterilização. De acordo com esses investigadores, quando a chupeta cai no chão, os pais que a colocam na boca para limpá-la antes de devolvê-la aos filhos – sem molhá-la em água nem nada –, estão fornecendo uma maior diversidade bacteriana ao sistema digestivo da criança, beneficiando seu sistema imunológico. Essas crianças têm asma e eczemas na pele com menor frequência do que aquelas que recebem tudo devidamente esterilizado.

Outra crença polarizada é que é melhor impor poucos limites às crianças e, no outro extremo, que é preciso impor-lhes muitos. No primeiro caso, a criança pode crescer sem normas e isso pode repercutir-se em falta de confiança, já que não interiorizou aquilo que deve e não deve fazer. No segundo caso, pode crescer demasiado autoconsciente e, tal como no primeiro, com falta de confiança porque, nesse caso, se sente muito vigiada. Da mesma forma, há crenças extremistas em relação à metodologia para conseguir que o bebé durma sozinho. Alguns pais lutam com unhas e dentes contra aqueles que defendem que o bebé deve começar a dormir sozinho a partir de uma certa idade. Esses últimos defendem que ensinar a autonomia à criança desde muito pequena é muito importante, enquanto os primeiros defendem a todo o custo o contato físico para evitar que a criança sinta angústia ou frustração. A todos que, devido a um amigo ou uma amiga, a um livro ou às suas próprias crenças, tomaram uma atitude firme sobre esse tema, devemos dizer que se esqueceram de que há um meio-termo: o de ajudar com ternura e confiança para que o seu filho fique calmo quando o põem para dormir.

    Neste livro, vou guiá-lo por um caminho intermédio que lhe vai permitir sentir-se à vontade com a educação dos seus filhos, e isto terá influência neles no momento de desenvolverem uma mente equilibrada, com capacidade para pensar com clareza, e no momento de se sentirem bem consigo e com os outros.

Parte II
Ferramentas

6
Ferramentas para apoiar o desenvolvimento cerebral

"Os grandes artistas observam a natureza e tomam emprestadas as suas ferramentas."

Thomas Eakins

Um dos traços mais característicos do cérebro humano é a sua capacidade para conceber e utilizar ferramentas. As ferramentas nos acompanharam desde o nosso aparecimento como espécie e foram uma das principais bases do nosso progresso e evolução. Graças a elas, o ser humano – relativamente lento em comparação com outros animais – foi capaz de caçar e de se alimentar de carne. A mudança na alimentação, de uma dieta baseada em frutas e folhas para outra rica em proteínas, permitiu que o nosso organismo dedicasse menos energia fazendo a digestão, por isso pôde destinar essas calorias extra à incrível aventura de pensar. Da mesma forma, a contribuição de proteínas fez com que pudéssemos converter esses pensamentos em conexões cerebrais, o que fez crescer o nosso cérebro a um ritmo vertiginoso. À medida que o homem desenvolvia a sua inteligência, o cérebro concebeu outra ferramenta que revolucionou as suas possibilidades: a linguagem. Esta foi a ferramenta definitiva para transmitir conhecimento sobre onde se encontravam as manadas de animais, para partilhar e conceber estratégias de caça, para explicar como se chegava à água sem ter de ir com a pessoa e para pensar no futuro em grupo. A concepção de ferramentas continuou a evoluir e nos ajudou a progredir como espécie. Neste momento, como leitor, você tem nas suas mãos uma ferramenta que lhe permite conhecer outros pontos de vista e aprender pela experiência que outro ser humano lhe transmite nestas linhas.

Como você pode ver, as ferramentas foram constantes na evolução e o seu sucesso centra-se no fato de nos permitirem progredir, facilitando o que é difícil. Em todos os trabalhos e profissões, os seres humanos utilizam ferramentas, quer seja o martelo e o prego, o esfregão e o balde, as luvas e o bisturi, o quadro e o giz ou a tela e o teclado. Porém, no trabalho de educar os filhos os pais têm poucas ferramentas à sua disposição. Existem vários tipos de ferramentas para a proteção, o cuidado e o transporte dos bebês, como os carrinhos de passeio, as cadeirinhas para o carro, as redes, as cadeiras de refeição, as mamadeiras, os babadores, as chupetas, as fraldas, os cremes ou as malas para levar chupetas, fraldas e cremes. No entanto, para além dos livros e dos brinquedos educativos, os pais não dispõem de ferramentas reais que transformem o seu difícil trabalho em alguma coisa um pouco mais fácil. Como dizíamos, a tela, o teclado, o quadro e o giz são ferramentas fundamentais para, por exemplo, um advogado e um professor. Contudo, nos dois casos a melhor ferramenta é o conhecimento. Para um advogado, a sua principal ferramenta de trabalho é o Código Penal e a jurisprudência, e, para um professor, os conhecimentos sobre pedagogia, psicologia e amadurecimento infantil. Segundo a minha experiência, há cinco ferramentas que podem apoiar qualquer pai ou mãe na sua complicada tarefa de educar a criança. Os psicólogos, os pedagogos e os educadores utilizam essas ferramentas há séculos, e os neurocientistas estudam há décadas o porquê e como funcionam, mas posso garantir-lhe que, se forem utilizadas adequadamente, todas elas têm a capacidade de contribuir para um desenvolvimento cerebral equilibrado. Mas não basta tê-las à mão para saber utilizá-las. Adquirir destreza na utilização dessas ferramentas requer tempo e prática, mas todos podem conseguir usá-las bem se compreenderem quando deve fazê-lo e estiverem atentos àquilo que faz bem e mal.

Em seguida, você vai poder aprender a utilizar cinco ferramentas que são especialmente úteis na educação da criança. Não são as únicas ferramentas das quais dispomos – provavelmente, a brincadeira e o afeto ainda são mais importantes –, mas são as ferramentas que, na minha opinião, podem precisar de um manual de instruções, pois muitos pais sentem-se perdidos no momento de utilizá-las.

7
Paciência e compreensão

"A paz não pode ser mantida à força. Somente pode ser atingida pelo entendimento."

Albert Einstein

Nos primeiros 18 meses de vida do bebê, aproximadamente, a relação entre a criança e os pais é relativamente fácil. A criança precisa de alimento, repouso e grandes doses de carinho. Isto, a maioria dos pais entendem muito bem. No entanto, à medida que a criança passa a movimentar-se com desenvoltura, a falar algumas palavras e a defender suas vontades, pais e filhos entram em uma etapa um pouco mais complexa no que se refere à relação entre eles. O motivo é muito simples; nós ouvimos tantas vezes que a habilidade da fala é o que deixa o ser humano racional, que quando a criança começa a falar com um pouco de desenvoltura começamos a atribuir-lhe todas as virtudes da razão (lógica, autocontrole, responsabilidade...) e lhe chamamos a atenção quando ela não se comporta como um adulto racional.

O cérebro de uma criança de 1, 2 ou 3 anos, no entanto, é muito diferente daquele de um adulto e não é capaz de fazer muitas das coisas que os pais acreditam que ele pode fazer. Essa diferença entre o que a criança pode fazer e aquilo que os pais acreditam que ela pode fazer, frequentemente, provoca mal-entendidos, dissabores e aborrecimentos que, em muitos casos, poderiam ser evitados se nós entendêssemos melhor o que acontece no cérebro da criança. Para que você entenda e possa ter paciência e compreender no dia a dia, vamos explicar três cenas muito cotidianas nas que muitos pais costumam atuar de forma diferente a partir do momento em que compreendem o que acontece no cérebro de suas crianças.

A longa viagem do supermercado

Por volta dos 2 anos de idade, a criança já é capaz de correr pela casa e pelo parque. Sempre da mesma forma. A criança solta da mão da mãe e, curiosa, vai olhar o tanque de areia, o balanço e o escorregador e após uma breve volta de reconhecimento volta ao banco onde sua mãe a espera sentada. Em seguida, a criança sai novamente para explorar o parque e pode trazer uma pedra para sua mãe ou um pedaço de pau que encontrou durante sua expedição. A cena se repete várias vezes, fazendo com que a criança caminhe por toda a tarde, sem parar.

Animados com esse caminhar da criança, muitos pais decidem que já é o momento de deixar o carrinho ou o canguru (carregador de bebê) em casa e levá-la ao supermercado andando. É possível que na ida corra tudo bem, mas na volta normalmente a criança já não quer caminhar e pede colo. Aos olhos de muitos pais a criança não está querendo fazer esforço e está sendo caprichosa. No final das contas, no dia anterior passou a tarde inteira correndo pelo parque. Consequentemente, aparece o aborrecimento e as frases pejorativas ou de culpa do tipo "Não seja atrevido" ou o clássico "Você pode, mas não quer".

Se pudéssemos ver o que aconteceu no cérebro da criança nessas duas cenas, veremos que aconteceram coisas distintas. No primeiro caso, no parque, ela anda em círculos tendo sempre sua mãe como referência e explorando livremente. Para fazer isso a criança precisa apenas ter um pouco de equilíbrio e desejo de explorar o ambiente.

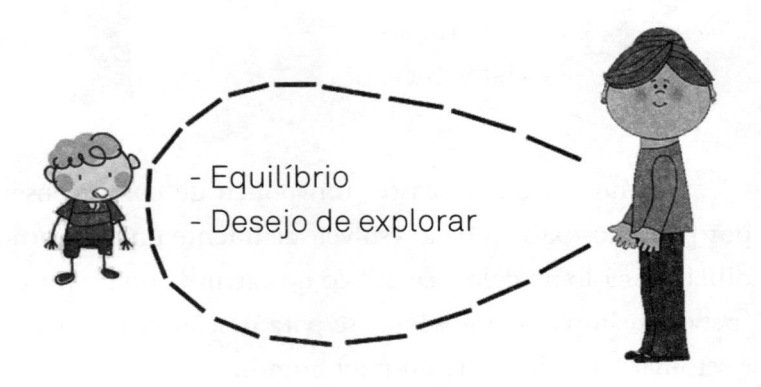

- Equilíbrio
- Desejo de explorar

No entanto, quando volta do supermercado o cérebro da criança tem que fazer algo bem diferente. Nesse caso, ela necessita do mesmo equilíbrio que no caso anterior, mas, além disso, tem que mostrar concentração (para não perder sua mãe de vista), persistência (para não parar, mesmo que se canse) e o mais difícil... diferentemente do que aconteceu no parque, agora tem de superar seu desejo de explorar para poder concentrar-se em seguir sua mãe ou seu pai sem se distrair. Como você pode ver, no nível cerebral é um trabalho muito mais complexo e cansativo e por isso, normalmente, as crianças não são capazes de fazê-lo na volta do supermercado, porque a viagem de ida foi um exercício tão grande que as deixou esgotadas.

- Equilíbrio
- Dominar a vontade de explorar

- Concentração
- Persistência

Como em outros casos, um pouco de compreensão por parte dos pais ajuda a resolver facilmente uma situação difícil; pegá-lo no colo e colocá-lo no carrinho ou no porta-bebê ou simplesmente sentar-se para descansar um pouco e retomar a caminhada sem mau humor.

A hora do jantar

Almoço ou jantar costumam ser um momento difícil para muitas famílias. A necessidade de o cérebro da criança ser cauteloso com a comida e experimentar as coisas pouco a pouco vai de encontro ao desejo dos pais de que ela coma tudo e de tudo. A recusa da criança faz com que os pais se preocupem com duas estratégias ineficazes e desagradáveis.

A primeira estratégia é obrigar a criança a comer o que não quer. Estudos são claros a esse respeito; é uma estratégia que só provoca mais repulsa por esses alimentos. É normal as crianças recusarem alimentos amargos ou de cor verde como a maioria das verduras porque instintivamente o cérebro sabe que muitos alimentos escurecem e adquirem um sabor amargo quando estão estragados ou em mau estado. Também é normal os pais quererem que seus filhos comam verduras por serem um alimento saudável para o desenvolvimento delas. Porém, obrigar não é a solução porque a criança acabará criando ainda mais aversão. É lógico; se te obrigam a beijar uma pessoa a quem considera desagradável, o mais provável é que após o beijo forçado a pessoa pareça mais desagradável ainda. Você, inclusive, sentiria repulsa. O curioso é que os circuitos neurais que controlam o desejo sexual nos adultos estão ao lado e funcionam de modo similar aos circuitos que controlam o apetite. Quando se insiste com um alimento *a priori* desagradável a pessoa se autoprograma para recusar o alimento com mais veemência; em alguns casos, para a vida toda. É provável que você se lembre, da sua infância, de um prato de espinafre ou de couve de Bruxelas que te obrigaram a comer e que hoje em dia você não pode nem ver; a razão de isso acontecer é a que você acaba de ler.

O cérebro da criança explicado aos pais

Em vez disso, a estratégia mais eficiente consiste em sete chaves de bom senso mas que não costumam ocorrer em muitas casas e que previnem problemas com a comida: (1) eliminar da casa outros alimentos que sejam considerados deliciosos porém que são menos saudáveis (como bolachas, salgadinhos e todo tipo de doces); (2) comer todos juntos para que a criança imite os adultos que estão comendo verduras; (3) ter sempre verduras à mesa para que a criança se acostume com o aspecto e a cor delas; (4) deixar que a criança se sirva ou que coma com as mãos a quantidade que quiser: na minha casa a norma é "você pode por em seu prato muito ou pouco, mas sempre ponha ao menos um pouquinho"; (5) cortar em pedaços pequenos para que a criança se habitue pouco a pouco ao sabor; (6) incentivar (nunca obrigar) a experimentar um pouquinho, ainda que seja do tamanho de um grão de arroz, os alimentos novos para que seu cérebro se habitue com o sabor, pouco a pouco; (7) e, possivelmente a mais importante, ter um ambiente descontraído e relaxado à mesa que ajude a criança a associar comida saudável com carinho e um pouquinho de diversão.

A segunda estratégia que muitos pais põem em prática na hora de comer é obrigar a criança a raspar o prato ou comer mais do que o seu apetite exige. Estudos também são claros sobre esse comportamento. As crianças sabem, melhor que os adultos, a quantidade de comida que devem comer. Longe de ser a quantidade exigida pelos pais, a medida padrão de que necessitam para estar alimentados coincide com a quantidade que as crianças colocam em seu prato dividida por dois. Em outras palavras, em muitos casos, é normal e saudável que deixem a metade da comida que se serviram porque essa quantidade costuma ser suficiente para lhe dar as calorias de que seu corpo necessita. Por um lado, é lógico dar-se conta de que uma criança de 3 anos, pesando 12 quilos, não deve precisar da mesma quantidade de comida que de uma de 80 quilos que, além disso, sofre de sobrepeso. De outro, é importante entender que o estômago das crianças é menor, enche e esvazia antes do que o dos adultos; por isso o cérebro da criança se sacia mais rápido e demanda comida com mais frequência. É difícil saber de onde vem o costume de muitos pais de nossa geração de "forçar" a criança a comer "mais". Pode ser que a explicação mais plausível seja a de que algumas bisavós que criaram os avós (nossos próprios pais) em tempos difíceis. Tempos nos quais se passava fome e nos quais não havia carne, peixe ou verduras todos os dias. No entanto, os tempos mudaram e na maioria dos lares não há que se preocupar se a criança terá o que comer no dia seguinte e por isso podemos confiar em suas próprias sensações para indicar quanto quer comer. É a melhor maneira de ele regular adequadamente seu apetite desde a infância até a vida adulta.

A tormenta perfeita

Uma cena pela qual todos os pais (e filhos) temos que passar em algum momento é a da birra. As birras são um fenômeno universal que ocorre a todas (ou quase todas) as crianças de todos os países e culturas do mundo. Apesar disso, a maioria dos pais não sabe como lidar e muitos tendem a sofrer com seus filhos ou envergonhar-se quando aparece a clássica birra. Alguns experimentam de tudo para conseguir acabar com ela; envergonhá-los diante dos funcionários do supermercado, ameaçá-los, gritar, fazer chantagem emocional ou simplesmente afastar-se. Experimentam essas estratégias porque possivelmente poderiam reagir a um adulto. No entanto, sabemos que com uma criança de 2 anos não há o que fazer.

Vejamos por que as birras ocorrem. Por volta dos 2 anos a criança já começa a elaborar mentalmente seus desejos e seu córtex pré-frontal já se desenvolveu a suficiente capacidade de persistência para insistir com seu objetivo. É nessa idade que começam as birras. A criança vê algo de que gosta, como uma bonequinha de borracha em uma vitrine, imagina-se brincando com ela e é capaz de lutar e persistir para consegui-la. Seu pai ou sua mãe se dá conta de que distrai-la já não funciona, então, não têm escolha a não ser dizer-lhe um claríssimo "Não". Ainda que falem com suavidade, quando a criança interpreta que a negativa é enfática, seu cérebro se verá imediatamente envolvido em uma perfeita tormenta. Toda essa inércia emocional que a sua imaginação e persistência lhe dão choca-se com suas tentativas de esquecer ou acalmar-se e a frustração que provoca nela não lhe permite conseguir nem uma coisa nem outra. Tudo resulta em um choque brutal de energias, uma tormenta perfeita que tem explicação neurológica. Ainda que a criança tenha força mental suficiente para insistir com suas vontades, não tem a capacidade de acalmar sua frustração porque os neurônios que a ajudam a persistir em suas ações ou solicitações (e que se desenvolvem depois dos seus 2 anos de idade) são diferentes dos que freiam ou inibem comportamentos ou emoções e estes últimos, os neurônios inibidores, não se desenvolvem até os 4 anos de idade aproximadamente. Acalmar uma emoção tão intensa como a frustração é algo muito difícil para os adultos, mas para uma criança de 2 anos que não tem seus neurônios inibidores desenvolvidos é simplesmente impossível, por mais que a deixemos envergonhada, a ameacemos ou a repreendamos. A criança vai chorar, gritar e poderá inclusive sapatear o que fará com que seu cérebro descarregue toda essa energia acumulada em seus neurônios "de ação", ajudando-a a acalmar-se aos poucos. No entanto, muitos pais interpretam esses gestos como um "teatro" ou uma intenção de manipulação e ficam mais bravos quando na verdade a criança não grita, chora e sapateia para conseguir o que quer, e sim para descarregar tensão e poder acalmar-se.

    A raiva de seus pais só torna a situação mais difícil para a criança. Porque suas tarefas se acumulam; tem de se desfazer de sua ilusão, tem de se acalmar e, se isso não fosse pouco, tem de aguentar seus pais nervosos que a olham com cara feia ou lhe dizem coisas desagradáveis. A verdade é que a criança passa realmente mal nessas situações e a melhor maneira de ajudá-la não é chantageando-a, nem brigando, tampouco cedendo a seus pedidos; a melhor maneira de ajudá-la é seguir os seguintes passos com paciência.

1. *Explique.* Normalmente as explicações não surtem efeito, mas ajudam a criança a ir desenvolvendo sua capacidade lógica. Além disso, em alguns casos funcionam e quando isso acontece o alívio para a criança e para os pais é imenso. Isso sim, explicar não significa convencer nem pressionar. Se suas explicações não a satisfazem na primeira ou segunda vez, passe para o ponto seguinte.
2. *Dê-lhe tempo.* Se ela já está fazendo birra a única certeza que temos é que passará em instantes. É importante dar à criança tempo suficiente para que o cérebro dela descarregue a energia acumulada. Não tenha pressa.
3. *Não se afaste dela.* A criança não pode sobreviver sem seus pais, por isso afastar-se dela com ameaças como "A mamãe vai embora de casa" só vai conseguir que a criança se assuste e que da próxima vez se lembre da sua reação, se angustie mais e o impacto seja mais forte.
4. *Use sua empatia,* quando notar que a criança está suficientemente calma para ouvir. Você pode utilizar frases simples como "Você queria ficar brincando mais um pouco, não é verdade?". Como veremos mais adiante, ajudar a criança a se sentir compreendida fará com que se acalme.
5. *Ofereça-lhe os* teus *braços* quando ela te pedir ou quando ela estiver calma. Não insista nem force, mas se te pede

ou se deixa pegar lembre-se de que não há nada de mau em uma criança se acalmar com um abraço ou levando-a um pouquinho ao colo.

Em vez de gritar, chantagear, fazer passar vergonha ou abandonar, experimente:
- Explicar-lhe os teus motivos.
- Permanecer ao lado dela.
- Dar-lhe tempo para que passe a intensidade.
- Tratá-la com empatia e fazer com que saiba que você a entende.
- Dar-lhe colo quando pedir ou quando estiver mais calma.

Em alguns casos, os pais me perguntam se podemos ceder diante das birras. Eu sempre lhes digo que em geral não. Se damos à criança o que ela quer enquanto está fazendo birra, ela pode aprender a fazer birra sempre para conseguir o que quer. No entanto, é justo dizer que há ocasiões em que nos equivocamos como pais. Eu não chamaria de birra quando uma criança de 2 anos chora porque está com fome 15 minutos antes do horário de comer. Tampouco chamaria de birrenta uma criança que chora na rua pedindo colo; é possível, como acabamos de ver, que ela esteja realmente cansada e o colo seja uma necessidade e não um capricho. Às vezes, é difícil saber o que é capricho ou desejo e o que é necessidade; uma boa forma de saber é pensar se responde às quatro necessidades básicas de uma criança: (1) fome, por exemplo, pede um pedaço de pão, (2) sono ou cansaço (quer ir dormir ou não pode caminhar mais, (3) frio ou calor, quer uma manta, (4) proteção e segurança, pede que a abracemos. Nesses casos, costuma-se ser sensato atender à necessidade da criança e sempre é melhor dar-nos conta o mais rápido possível, antes que a criança fique fora de si.

Recapitulando

As crianças não pensam nem têm as mesmas capacidades mentais do que os adultos e por isso não podemos valorizar seus comportamentos da mesma forma que avaliamos o comportamento adulto. Embora seja verdade que o trabalho de pais e educadores seja ajudá-las a ir desenvolvendo essas habilidades, esse é um processo que ocorre pouco a pouco e por isso as crianças necessitam de muita compreensão e paciência de nossa parte. Estas duas habilidades por si sós nos ajudarão a dar-lhes o tempo de que necessitam para se desenvolver no ritmo que marca o seu cérebro e sem que a nossa relação com elas se deteriore.

8
Empatia

> "Poderia haver milagre maior do que vermos pelos olhos uns dos outros por um instante?"
>
> Henry David Thoreau

Se tivesse que escolher uma única habilidade como a mais importante na hora de educar e ajudar as crianças em seu desenvolvimento diria que é a empatia, porque cada vez há mais estudos que indicam que para o desenvolvimento emocional da criança o mais importante é sentir-se compreendida.

No fundo, o cérebro é um grande processador de dados. Quando você vê um telefone e é capaz de tocá-lo ou escutá-lo seu cérebro percebe que o telefone é real. Quando você sente o cheiro de um bife na grelha e o saboreia o seu cérebro sabe que é real. Da mesma forma, quando o bebê pega o peito de sua mãe sabe duas coisas: (1) que sua mãe é real e (2) que sua fome também era real porque a fome desapareceu depois de mamar. Os objetos do mundo exterior são fáceis de contrastar, de "processar" para a criança porque ela só precisa esticar o braço para tocá-los, cheirá-los ou escutar como soam quando os agita. No entanto, os sentimentos e as emoções são muito mais difíceis de checar porque não há como pegá-los. A única maneira de as crianças saberem que seus sentimentos são reais é tendo um adulto a seu lado que responda de forma idêntica a essas necessidades, emoções e sentimentos.

Essa ideia tão simples tem um grande impacto no desenvolvimento emocional da criança. De acordo com estudos mais recentes, responder de maneira congruente (fazendo com que a criança saiba que a compreendemos e a atendemos) é o fator mais importante para que ela desenvolva um apego seguro. O apego seguro poderia ser descrito como o nível de confiança que a criança tem no mundo, em que vai ter seus recursos, as habilidades para desenvolver-se por si mesma e que será atendida em caso de não ser assim. Em outras palavras: é a confiança emocional da criança.

Sabemos que quando atendemos a um bebê que está com fome estamos fortalecendo sua confiança porque ele se sentiu atendido. Quando uma criança de 1 ano está assustada e a pegamos no colo, sua confiança também se fortalece porque ela aprende que seus pais vão atendê-la e porque comprova que seu medo é real. À medida que a criança cresce não é tão fácil reagir a suas necessidades porque elas deixam de ser primitivas (fome, medo, sono) e passam a ser mais emocionais e complexas. A menina de 3 anos que, por exemplo, se sente desprezada por um irmão recém-nascido pode sentir ciúmes e expressar uma frase incômoda de ouvir para os pais como "Odeio meu irmão". Nesse caso, a reação de muitos pais pode ser ficar com raiva ou fazer a menina pensar, mesmo que o que está acontecendo na verdade seja que ela está muito assustada e seu cérebro, seu processador de dados, necessita de que alguém lhe devolva a mesma informação e atue em congruência com a sua realidade. Nessa situação, a resposta mais apropriada seria algo assim:

— Odeio o meu irmão
— Claro, você não gosta que a mamãe fique tanto tempo com o bebê.
— Sim... (está menos aborrecida).
— Você tem medo que a mamãe não se preocupe com você.
— Sim (relaxa).
— Pois é, parece que vamos deixar este ano aqui dormindo com o papai e a mamãe vai te levar ao parque. O que você acha?
— Siiiiimmmmm. (Já está muito contente).

Como você pode ver nesse exemplo, responder com empatia aos sentimentos da criança não só faz com que ela saiba que os sentimentos dela são reais, como também ajuda a acalmá-la. Neste capítulo, você poderá aprender a usar a empatia para poder entender seu filho e atendê-lo quando ele expressar seus sentimentos, para que ele possa compreender a si mesmo e assim adquirir inteligência emocional e também para que você possa ajudá-lo a se acalmar quando se sentir triste. Antes de seguir, permita-me esclarecer um pouco melhor o que é a empatia.

O que é a empatia

Empatia – do grego em, "*em*", e *pathos*, "padecimento, sentimento" – é uma palavra utilizada pelos psicólogos para descrever a capacidade de se pôr no lugar do outro. Ao contrário da "simpatia", na qual duas pessoas estão de acordo, na "empatia" não há acordo, mas sim entendimento. Vamos dar um exemplo muito simples. Se você e o seu filho gostam muito de chocolate, quando o vir enlouquecer diante de um chocolate que lhe ofereceram, sentirá simpatia pelos seus sentimentos. Você também ficaria louco. Se, pelo contrário, o seu filho adora guloseimas e você não, quando o vir dar pulos de alegria em frente a um saco de guloseimas poderá sentir empatia. Você não começaria a dar pulos de alegria, mas, conhecendo o seu filho, entende-o e sente-se feliz por ele.

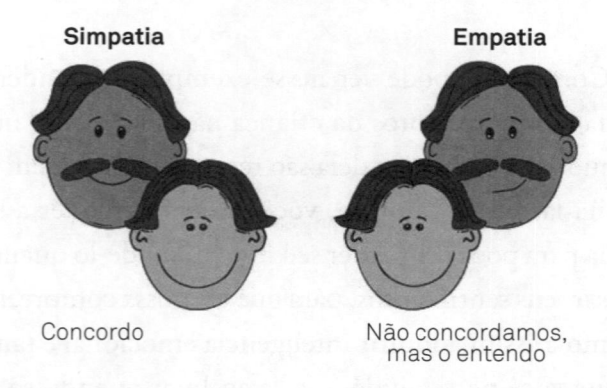

Simpatia	Empatia
Concordo	Não concordamos, mas o entendo

O ato de ouvir a criança com empatia vai ajudá-la a se compreender e a conectar suas emoções com seus pensamentos. É definitivamente uma porta aberta ao autoconhecimento e à própria aceitação que podemos usar com a criança desde o nascimento, cobrindo-a quando sente frio, alimentando-a quando sente fome ou ajudando-a a relaxar e dormir quando consideramos que ela está cansada. À medida que ela cresce, nós, pais, continuamos acompanhando a criança em sua viagem ao descobrimento e aceitação, ouvindo suas reclamações, suas preocupações, ilusões e temores. Todas essas pequenas conversas que mantemos com nossos filhos aborrecidos, tristes ou iludidos no caminho da escola para casa ou em um canto da cozinha, e que se repetem infinitas vezes ao longo da vida contribuem generosamente para dar-lhes capacidade de compreensão e confiança. Dessa forma, não duvide quando seus filhos reclamarem, escute-os, porque é possivelmente o ato mais importante que fazemos como pais. Você notará que eles se acalmam, que superam seus medos e angústias e que a confiança deles e a relação de vocês cresce.

Por que a empatia funciona

Como você deve se recordar, no cérebro da criança – e no do adulto – há dois universos: o cérebro emocional e o racional. Os dois mundos tendem a funcionar de uma forma independente, e quando sentimos uma emoção muito intensa é quase impossível dominá-la. É como um cavalo desenfreado que nem o professor, nem o pai, e muito menos a própria criança, são capazes de acalmar. O motivo pelo qual a empatia é uma ferramenta tão eficaz é porque quando a pessoa ouve uma resposta empática se produz no seu cérebro um efeito maravilhoso. O seu cérebro racional e o seu cérebro emocional entram em sintonia, e isso tem um efeito calmante sobre o cérebro emocional. Isso acontece porque as respostas empáticas ativam uma das regiões que opera como ponte entre os dois mundos. Uma região que está localizada em um enclave estratégico entre o cérebro emocional e o racional, escondida em um sulco profundo ao qual só conseguimos aceder separando os lobos temporal, parietal e frontal. Conhecemos essa região isolada entre os dois mundos por "ínsula".

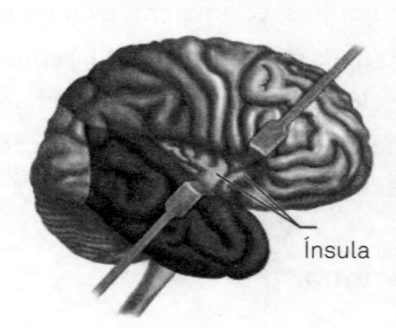

Córtex insular
- Gosto e olfato
- Interpretar sinais corporais
- Identificar emoções
- Sentir emoções
  - Amor
  - Repulsa
  - Ódio
  - Tristeza

Ínsula

Quando uma região do cérebro emocional se excita em excesso devido à frustração, à tristeza ou a qualquer outra emoção que seja muito intensa, a criança não será capaz de dominar o seu estado de espírito. Nesses casos aparecem as birras, as situações em que a criança se fecha em copas e não é capaz de obedecer, ou os comentários que os pais não gostam de ouvir. A criança está literalmente fora de si, fora da sua parte racional. Para ajudá-la a acalmar-se, a ser razoável, a melhor estratégia é dar-lhe um abraço na companhia de uma reflexão empática que desative a intensidade da emoção; um comentário que crie essa ponte entre os dois mundos e permita ao cérebro racional da criança acalmar as suas emoções, ou pelo menos ouvir os comentários dos pais.

Educar com empatia

A principal dificuldade para aplicar a empatia como ferramenta do desenvolvimento cerebral é que a maior parte das mães – e a infinita maioria dos pais – tem dificuldades no controle e no conhecimento das suas próprias emoções. Como dizíamos anteriormente, muitos adultos sentem com frequência que não conseguem controlar as suas emoções ou ficam desconcertados perante elas. Podemos sentir-nos zangados, tristes ou desanimados sem causa aparente, e não chegamos a entender nem como nos sentimos realmente nem o que nos deixou com esse humor. Só algumas pessoas são realmente capazes de entender com precisão os seus sentimentos, as suas emoções e as suas necessidades e agir com sabedoria – normalmente, depois de terem feito uma terapia de autoconhecimento e de crescimento pessoal. Sem sombra de dúvidas, essas pessoas têm uma clara vantagem no momento de enfrentar a educação emocional dos filhos, pois partem de um conhecimento mais profundo de si próprias e do mundo das emoções. Para muitos adultos, educar com base em emoções pode ser algo tão difícil como para um professor analfabeto ensinar os seus alunos a lerem. Se você quer realmente progredir no seu próprio conhecimento – para ajudar os seus filhos –, recomendo-lhe que inicie uma terapia de crescimento pessoal. Para aqueles que não se encontram nesse momento – e, entretanto, para todos –, um bom exercício é limpar o pó do dicionário das emoções.

A maior parte dos adultos utiliza um vocabulário emocional próprio de um livro como: *Aprenda português em três semanas*. Os sentimentos mais conhecidos pelos adultos são "bem" e "mal", que nem sequer são sentimentos. Alguns são capazes de identificar, em um misto de introspecção e de abertura ao mundo, outros quatro sentimentos: "contente", "triste", "zangado" e "entediado" – este último, em todas as suas formas desagradáveis. A verdade é que todos conhecemos cerca de cem palavras que expressam emoções e sentimentos, mas não as utilizamos na nossa vida quotidiana. Isso acontece porque na nossa sociedade não é muito bem-visto falar sobre as emoções em público. Outro motivo tem a ver com o fato de ser difícil identificar uma palavra concreta com um sentimento que não compreendemos muito bem. Felizmente, os tempos estão mudando e hoje em dia sabemos que estar em contato com as nossas emoções nos traz muitas vantagens; a principal é aumentar a nossa inteligência emocional.

Para ajudar os alunos que querem melhorar a sua capacidade empática e saber como funciona a empatia, costumo pedir-lhes que imaginem que o mundo das emoções é como um grande rádio. Nesse rádio temos diferentes frequências ou emoções básicas, e cada uma das frequências se pode ouvir com maior ou menor intensidade. Assim, o desgosto e a tristeza estão na mesma frequência emocional, mas o desgosto tem uma intensidade menor. A alegria e a euforia também estão na mesma frequência, e, nesse caso, a euforia tem uma intensidade maior. No momento de dar uma resposta empática eficaz é muito importante que a frequência coincida com a emoção que a pessoa sente, mas também se deve sintonizar a intensidade. Imagine que você é um jovem de 20 anos que vai a uma festa num sábado à noite e o anfitrião passa toda a noite ouvindo música folclórica. Provavelmente, o tipo de música não está em sintonia com o estado de espírito dos convidados, e estes, desanimados, abandonarão a festa. O resultado seria o mesmo se o estilo de música fosse o mais indicado, por exemplo, *rock*, mas com um volume tão baixo que não se ouvisse com o burburinho. Da mesma forma, um casal de jovens que quer ter um momento romântico vai escolher uma música calma e um volume baixo. Uma balada com o volume no máximo não propiciará o ambiente íntimo, e um *hard rock* tocando muito baixinho também não. Por isso, se você quer criar empatia com o seu filho, é importante que saiba entrar em sintonia com as suas emoções. No momento de dar respostas empáticas para estabelecer uma ligação com a criança é tão importante acertar na frequência emocional como na intensidade. Se o seu filho chora desconsoladamente porque acaba de perder a sua coleção de figurinhas, você não entrará em sintonia com ele se o repreender por tê-las perdido; isso não é empatia. Ele também não responderá muito bem se lhe disser que ele está zangado, porque os seus sentimentos entrarão em sintonia maior com a tristeza. A melhor forma de conseguir que essa criança se abra e comece a acalmar-se será reconhecer que ela deve se sentir "muito, muito triste" ou "desconsolada", e dar-lhe um forte abraço que contenha o seu desconsolo. Da mesma forma, se a Manuela acaba de adotar um caracol como animal de estimação e o está mostrando a toda a família com ar de felicidade, provavelmente não estabelecerá uma ligação com ela através de um comentário como "Está contente", porque lhe falta intensidade; o pai ou a mãe farão bem em dizer-lhe de forma efusiva: "Manuela, estás muito entusiasmada com o teu novo animal de estimação, não é?". Com certeza este comentário vai ajudá-la a sentir-se compreendida e a partilhar com o pai ou a mãe todos os planos que ela tem para o seu novo amiguinho, como a casa que lhe vai construir ou o tipo de comida que lhe vai dar.

As tabelas a seguir contêm algumas das principais emoções por ordem de frequência e intensidade. Nelas, só incluí cerca de 50 sentimentos e emoções. A lista de emoções no ser humano é muito maior e provavelmente você encontrará na expressão emocional dos seus filhos diferentes matizes. Porém, essas 50 emoções compõem uma lista emocional suficientemente ampla para poder conversar com os seus filhos sobre qualquer assunto, e acalmá-los em quase todas as situações, ajudando-os assim a conhecer os seus próprios sentimentos. Você vai reparar que não classifiquei as emoções em "positivas" e "negativas", como costuma ser habitual. O motivo é muito simples. Todas as emoções são positivas em si mesmas e, portanto, é importante reconhecê-las e incluí-las no mundo da criança. Não devemos estigmatizar nenhum sentimento, pois todos eles são importantes.

A raiva pode ajudar-nos a lutar pela nossa vida em determinada situação, a frustração nos predispõe a fazer tudo muito melhor da próxima vez e a tristeza ajuda-nos a entender a beleza das coisas e a valorizar as nossas necessidades, bem como a entender os sentimentos dos outros.

O cérebro da criança explicado aos pais

Emoções agradáveis

		Frequências		
Placidez	**Alegria**	**Amor**	**Motivação**	**Satisfação**
À vontade	Contente	Simpatia	Animado	Orgulhoso
Confortável	Alegre	Amizade	Motivado	Reconhecido
Calmo	Entusiasmado	Carinho	Emocionado	Satisfeito
Relaxado	Feliz	Querer	Entusiasmado	Contente
	Eufórico	Amor	Dedicado	
		Paixão		

Intensidade: − a +

Emoções desagradáveis

		Frequências		
Irritação	**Nervos**	**Medo**	**Frustração**	**Tristeza**	**Cansaço**
Encolerizado	Nervoso	Com medo	Raivoso	Desconsolado	Esgotado
Zangado	Excitado	Assustado	Desanimado	Magoado	Farto
Irritado	Inquieto	Aflito	Chateado	Triste	Aborrecido
Incomodado		Envergonhado		Desiludido	Cansado
Desgostoso		Preocupado		Abatido	
		Nervoso		Lastimoso	

Intensidade: + a −

Vamos praticar

Maria está desconsolada. Ela queria ir ao parque, mas começou a chover. Está chorando há cinco minutos e cada vez o faz mais intensamente.
Em vez de dizer: "Maria, tenha calma. Vamos, acalme--se... podemos ir ao parque noutro dia".
Tente dizer: "Nossa, que chato, não é? Você estava com muita vontade de ir ao parque, não é verdade?"
Alexandre está fazendo uma grande birra. Vocês estão saindo do supermercado e ele quer que você compre um pirulito para ele.
Em vez de dizer: "Alexandre, pare de chorar. Não vou comprar nenhum pirulito para você".
Tente dizer: "Claro, você está muito zangado porque quer que eu lhe compre o pirulito".
Elisabete chega em casa triste da escola, embora não saiba exatamente explicar por quê.
Em vez de dizer: "Elisabete, anime-se. Você quer brincar com as bonecas?"
Tente dizer: "Você está um pouquinho triste, não é?", "Sim, um pouquinho", "Então, você está com uma carinha desanimada".

É evidente que fazer um único comentário empático para uma criança que faz birra na fila do supermercado não vai acalmá-la imediatamente. É preciso insistir. Convém ir dando-lhe algumas respostas empáticas, ao mesmo tempo que a vamos sossegando e incentivando a ficar mais calma. Com o primeiro comentário empático conseguiremos captar toda a sua atenção, mas serão necessários quatro ou cinco para que a criança reduza suficientemente o seu nível de mal-estar.

A empatia não se reflete apenas pelas palavras. Um olhar de compreensão, uma carícia, um beijo ou um abraço podem ajudar a entender muito mais do que uma palavra. Não tenha medo de acompanhar os sentimentos do seu filho com uma demonstração física de afeto. Pegá-lo ao colo e dar-lhe um beijo ou um forte abraço o ajudará a sentir-se compreendido e a acalmar-se.

Um último conselho: para ouvir a criança com empatia é importante nos desligarmos de nosso mundo de adultos, fugirmos dos nossos dogmas e preconceitos. Ponha-se no lugar da criança, entre na sua mente infantil e tente imaginar como ela se sente. Como você se sentiria se estivesse no seu lugar. Vejamos esta situação com um exemplo. Tente imaginar como você se sentiria se a pessoa que mais ama no mundo – o seu marido ou a sua mulher – tivesse todas as noites um momento íntimo com alguém como você, mas mais jovem e carinhoso. Provavelmente é assim que se sentirá a criança que descobre que a mãe – a pessoa que mais ama no mundo – passa agora mais tempo com o seu irmão recém-nascido. Não acha que você também o odiaria um pouquinho?

Recapitulando

A empatia é uma ferramenta muito valiosa para oferecer segurança e uma boa autoestima à criança. Todas as emoções são importantes e úteis. Ouvir a criança com empatia vai ajudá-la a identificar os seus sentimentos e a melhorar a sua inteligência emocional. A empatia também é uma ferramenta útil para ajudar a criança a superar o que está por vir e a acalmar-se em situações em que se sente invadida pela angústia, a irritação ou a decepção. Uma resposta empática pode ajudar a acalmar as emoções intensas quando a criança não é capaz de o fazer por si própria.

9
Motivar o comportamento da criança

"Nunca desencoraje alguém que continuamente faz progressos, não importa quão devagar."

Platão

Nos últimos capítulos vimos como a paciência, a compreensão e a empatia são essenciais para educar filhos com uma boa autoestima. No entanto, o trabalho de educar não acaba aqui. Todos os pais podem entender a vontade de seu filho de brincar e experimentar, mesmo que não concordem que seus filhos se pendurem nas cortinas. Mesmo assim, ainda que acreditem que as crianças devem aprender por si mesmas a relacionar-se com as pessoas, costumam sentir a necessidade de interferir se seu filho puxa o cabelo de outra criança para tirar-lhe o brinquedo. Também é normal que, pouco a pouco, queiram animá-los a terminar o caminho de volta do supermercado andando, sem serem levados no colo, porque querem ajudá-los a ser a cada dia um pouco mais fortes ou simplesmente porque querem que as crianças entendam que o papai ou a mamãe também se cansam quando os carregam no colo. Como você pode ver, ser compreensivo é muito importante, ainda que seja importante ajudar a criança a superar obstáculos e entender as necessidades dos demais, assim como as normas do jogo. Se o primeiro permite à criança desenvolver sua autoestima, o segundo lhe permite desenvolver sua confiança. Ambas são fundamentais para ajudar a criança a sentir-se bem.

Nos próximos capítulos, vamos enfocar em como você pode ajudar a criança a entender e respeitar as normas que você acredita serem importantes para sua educação e que dependerão de seus próprios valores e convicções. Sabemos que em cada cultura e em cada casa as normas podem ser diferentes. Gosto de ver meus filhos correrem descalços e, no entanto, em outros lares usar sapatos é uma norma. Pode-se dizer que há tantas normas quanto pais, mas sempre é a mesma parte do cérebro que se encarrega de acomodar essas regras para que a criança possa satisfazer seus desejos de acordo com as normas estabelecidas pela sociedade e as pela sua família. Para poder acomodar com sucesso as normas no cérebro e assim permitir que a criança seja capaz de atingir suas metas seguindo as "regras do jogo" é necessário dar condições. De um lado, é importante estabelecer normas impondo limites e fazendo com que elas sejam cumpridas. Por outro lado, é importante sinalizar às crianças que comportamentos são apropriados, bem como ajudar o cérebro delas a acomodá-los de maneira positiva.

Mais adiante, falaremos sobre como você pode estabelecer limites e fazer com que sejam obedecidos. Neste capítulo, vou mostrar como você pode ajudar seu filho a conhecer e acomodar algumas normas e comportamentos positivos para seu desenvolvimento com algumas estratégias fáceis e eficazes.

Mostrar bons modelos de atuação

As crianças desenvolvem uma parte considerável das suas capacidades intelectuais e emocionais por meio da da observação e da imitação. Se você tem mais de um filho, com certeza se lembra das inúmeras situações em que o irmão mais novo imitava o mais velho. Da mesma forma, os dois se imitarão, em coisas boas e más. Esse tipo de imitação é uma forma muito primária de aprendizagem e de desenvolvimento cerebral. As zebras jovens fogem dos leões simplesmente porque todas as outras zebras o fazem. Exatamente da mesma forma, as crianças que veem a sua mãe gritando assustada diante de uma aranha desenvolvem medo das aranhas. O cérebro dispõe de um circuito de neurónios cujo principal fim é aprender pela observação. Sempre que o bebê vê como o pai diz o seu nome, este circuito, conhecido como "neurônios-espelho", começa a imaginar que os seus lábios e a sua língua ficam na mesma posição. Quando a criança vê a sua mãe sendo respeitosa e enfrentando os problemas com calma ou, pelo contrário, muito nervosa e tratando outra pessoa com desdém, o seu cérebro é capaz de imaginar-se a si próprio agindo assim, como um espelho que reflete o que vê. Os neurônios espelho ensaiam silenciosamente muitos dos seus comportamentos e programam o cérebro da criança, como uma preparação, para que ela possa repeti-los em situações parecidas.

Quando a criança vê o pai ficar zangado, o seu cérebro a imagina igualmente zangada.

Nesse sentido, a primeira lição no processo de promover comportamentos adequados é proporcionar bons modelos que a criança possa imitar. É inútil tentar, com toda a nossa vontade, que o nosso filho desenvolva um estilo de pensamento positivo se os comentários que ouve do pai ou da mãe são pessimistas. É quase impossível incutir o respeito pelos outros se a criança ouve os seus pais criticarem os outros e a si próprios.

Em todas as áreas do desenvolvimento há uma na qual os bons modelos se mostraram cruciais para o aprendizado da criança. Trata-se do controle da raiva e da frustração. São muitos os estudos que demonstram que as crianças aprendem a ficar com raiva e controlar a sua raiva com base no que observam de seus pais. Resumindo, posso dizer que os meninos tendem a reproduzir na maioria das vezes os comportamentos e expressões do pai e as meninas os da mãe e que o efeito que temos sobre nossos filhos e alunos é poderoso. Basta fazermos um gesto de desdém uma única vez como que dizendo à criança "Você não tem ideia" para que ela comece a tratar seus irmãos menores e colegas da escola com desdém. Basta reprendermos com raiva uma única vez uma criança de 3 anos para que ela passe a mostrar a sua raiva na escola gritando com seus coleguinhas. De fato, estudos indicam que os pais que educam seus filhos com mão de ferro (gritam, castigam com dureza ou batem neles) têm muitas possibilidades de que seus filhos sejam expulsos da escola em algum momento, se metam em brigas ou tenham uma gravidez indesejada na adolescência. É lógico, seus pais lhes ensinaram com seu exemplo a perder o controle em muitas situações.

Mas não quero focar o lado negativo; o modelo (mostrar às crianças por meio de nossos exemplos) é sobretudo uma oportunidade para demonstrar aos nossos filhos habilidades positivas. Se você quer que seu filho tenha força para defender-se diante do abuso, não se deixe devastar de novo e de novo por seu chefe, por sua irmã ou por sua parceira. Se para você é importante que o seu filho seja sincero, seja sincero com ele e com as outras pessoas. Se a ingestão de peixe é importante, coma um bom prato de pescada, e se é importante que desfrute e seja feliz, comece por desfrutar dos pequenos e grandes momentos que a vida lhe proporciona. Nesse sentido, eu o convido a aproveitar o fato de ser pai como uma oportunidade de dar o melhor de si próprio. Qualquer pai, qualquer mãe e qualquer professor têm a responsabilidade de educar a partir do exemplo e, portanto, pode utilizar essa oportunidade em seu próprio benefício. Mostre ao seu filho como se comporta a sua melhor versão, mostre como defende os seus direitos, como atinge as suas metas no trabalho, nas relações sociais ou na sua procura de felicidade. Posso garantir-lhe que o cérebro dele absorverá os ensinamentos do seu exemplo como uma autêntica esponja.

Dar o melhor de si não implica mostrar-se perfeito, porque ninguém o é. Não tenha medo de se mostrar tal como é. Os meus filhos viram-me rir, chorar, zangar-me, pedir desculpas, enganar-me e acertar. Tento não esconder nada e mostrar-me tal como sou. Porém, também tento explorar toda a minha lista de comportamentos como ser humano em benefício deles. Quando me sinto triste, demonstro-lhes que é bom expressar as suas emoções e pedir ajuda. Quando me zango, tento fazê-lo de uma forma adequada e mostrar-lhes que o seu pai, tal como toda a gente, tem o direito de se zangar. Quando estou alegre ou sinto emoções positivas também as transmito a eles. E tentei melhorar aspectos como a saúde para ser-lhes um bom exemplo. Duas semanas depois de meu primeiro filho nascer, deixei de fumar. Era um fumante contumaz e ninguém à minha volta achava que seria capaz de abandonar o cigarro. Contudo, ao refletir sobre a influência que a minha própria imagem teria sobre o meu filho, decidi que não queria que tivesse o exemplo de um pai fumante gravado na memória. Meditei durante um dia e abandonei esse hábito de repente, sem tratamentos nem medicamentos. Apenas motivado pelo desejo de ser um bom exemplo para os meus filhos.

> "O seu filho vai olhar para você como um modelo de pessoa. Demonstre-lhe como se comporta a sua melhor versão."

Reforçar os comportamentos positivos

Com cada vez mais frequência, ouço pais que, depois de ter lido um livro sobre o método Montessori ou de ter falado com algum amigo sem informação em psicologia ou neurologia, me expõem sua preocupação sobre reforço. Existe uma ideia generalizada de que reforçar os comportamentos positivos da criança pode fazer com que ela fique dependente do reforço (a criança só faz o que lhe dizem que está bom) ou narcisista (a criança pensa que tudo o que ela faz é bom). Há estudos que indicam que se reforçamos indiscriminadamente a criança pode acabar acreditando que é uma espécie de deus ou que se reforçamos cada pequena coisa que ela faz bem, a criança pode acabar dependente da avaliação das pessoas. Como você pode imaginar sobre esse tema, como sobre muitos outros, os extremos costumam ser prejudiciais e logicamente reforçar as crianças a todo instante pode ser negativo para sua autoestima. Porém, todos os estudos indicam que os reforços aplicados no momento e na frequência adequados são o elemento chave na educação. Posso assegurar que se você souber como e quando dar o reforço a determinados comportamentos, ganhará 90% da batalha da educação, e que, além disso, o crescimento de teus filhos será definitivamente mais satisfatório para ambos porque os pais necessitam que seus filhos vão pouco a pouco adquirindo hábitos comportamentais, e as crianças costumam sentir-se mais seguras se conhecem e sabem jogar de acordo com as regras do jogo.

Reforçar significa fortalecer um comportamento e, longe de ser uma deturpação "condutivista" da educação, é uma tendência totalmente natural. A verdade é que não se pode educar sem reforços porque o reforço é algo tão natural como sorrir a uma criança que lhe mostra algo com orgulho ou mostrar cara de satisfação quando aprende uma habilidade nova. Os reforços podem ser de todo tipo: desde um prêmio material, como um brinquedo, até um sorriso, embora, estudos tenham demonstrado uma vez ou outra que os prêmios materiais são pouco eficientes como reforço (inclusive contraproducentes) e, porém, os mais eficientes são os gestos simples. O mais interessante dos reforços não é o que você faz, nem o que a criança faz, mas o que acontece em seu cérebro quando ela é recompensada. Cada vez que a criança se sente reforçada alguns neurônios muito especiais situados na região do cérebro que controla a motivação segregam uma substância que conhecemos como dopamina. Essa dopamina permite que o cérebro da criança associe o comportamento desenvolvido à sensação de satisfação ou de recompensa. De uma maneira mais simples, poderíamos dizer que a satisfação produz dopamina e que a dopamina permite que duas ideias, que dois neurônios, se juntem entre si. Vou dar-lhe um exemplo muito claro para que possa entendê-lo perfeitamente. Se em um belo dia, movido pela curiosidade, seu filho abre uma caixa que está em um armário da cozinha e descobre que está cheia de bolachas de chocolate, o seu cérebro sentirá imediatamente uma grande satisfação. Essa satisfação lhe permitirá associar essa atitude em particular – e bisbilhotar, em geral – *à sensação de satisfação*. De forma muito rápida, os neurônios associados à fome se conectarão com os que representam a caixa de bolachas.

Quando abro a caixa de bolachas,
sacio a minha fome e sinto-me bem.

Esse ato tão simples que você acaba de entender é o mecanismo básico da aprendizagem. Graças à recompensa que obteve, seu filho **aprendeu** que essa caixa tem muitas bolachas de chocolate que podem saciar a sua necessidade de açúcar. Essa é uma ideia muito eficaz, porque qualquer pai, quando tenta educar o filho, quer que ele aprenda, que realize conexões no seu cérebro que lhe permitam ser autônomo, atingir as suas metas e ser feliz. Com você, seu filho vai adquirir hábitos, formas de pensar, princípios, valores e conhecimentos. Se conseguir associar as ações que julga serem benéficas para ele à recompensa de se sentir satisfeito ou reconhecido, fará com que o seu comportamento seja motivado de uma forma adequada.

As aplicações desse princípio tão básico que você acaba de aprender são quase infinitas: desde ajudar o seu filho a deixar a fralda até prevenir problemas de comportamento, passando pela motivação do gosto pela leitura e a facilidade de ter pensamentos positivos ou de realizar tarefas básicas como vestir-se ou alimentar-se. Quando aprender a dar um reforço adequadamente a seu filho, você verá que as zangas e a frustração serão muito menores, porque o cérebro dele aprende antes o que é e não é adequado em cada momento. Vamos a isso.

Como reforçar

Há muitas maneiras de reforçar. Algumas são eficazes, outras, ineficazes e outras, inclusive, contraproducentes. Quando recompensar o seu filho deve fazê-lo de uma maneira *proporcional*. Para o cérebro da criança não faz sentido que o fato de desligar sozinha a televisão quando pedem isso a ela tenha como recompensa um boneco do *Star Wars*, nem que ir tomar banho sem reclamar só mereça um "muito bem". Da mesma forma, sabemos que as recompensas mais eficazes são as que estão *em sintonia* com o comportamento, por isso se a criança foi para o banho quando pediram, a melhor recompensa será deixá-la brincar no chuveiro ou tomar banho com ela, e se desligou a televisão o melhor reforço será fazer alguma coisa que se possa realizar com a televisão desligada, como organizar uma guerra de travesseiros.

O tipo de reforços ou recompensas que escolhemos também é muito importante, porque há alguns que são pouco eficazes ou até contraproducentes e outros que são mais satisfatórios para a criança e, portanto, mais eficazes. Geralmente, e embora lhe possa parecer o contrário, os reforços materiais são menos gratificantes e, consequentemente, menos eficazes do que os reforços emocionais. Nesse sentido, o boneco do *Star Wars* é menos eficaz do que a guerra de travesseiros, insisto, embora pareça o contrário. Isto é assim por dois motivos: em primeiro lugar, porque o cérebro associa melhor grupos de neurônios que estão próximos, ou seja, associa melhor um comportamento socialmente adequado – desligar a televisão – com uma atividade social – brincar com os travesseiros –, do que com um objeto material – o boneco do *Star Wars*. Em segundo lugar, porque a brincadeira com o adulto provoca uma reação emocional diferente da com o boneco; com o adulto, a brincadeira é mais eficaz no momento de ativar os neurônios que criam dopamina e, portanto, o reforço do comportamento adequado é mais forte. Como se pode ver na representação seguinte, no segundo caso a quantidade de conexões – a associação que se criará entre os neurônios – é maior do que no primeiro.

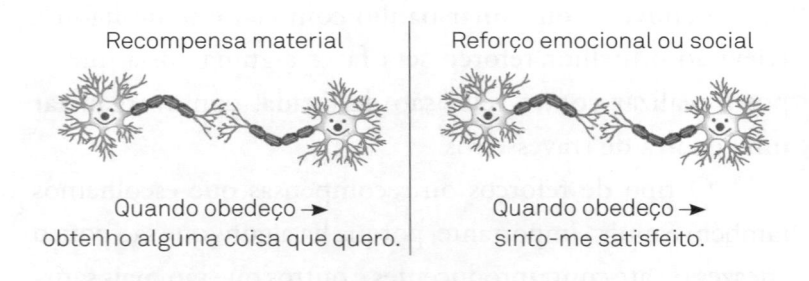

Recompensa material	Reforço emocional ou social
Quando obedeço → obtenho alguma coisa que quero.	Quando obedeço → sinto-me satisfeito.

O perigo de utilizar recompensas materiais vai além de elas não serem eficazes. Sempre que você dá um reforço ao seu filho está passando-lhe uma mensagem, educando--o em valores. Se, quando ele obedecer ou ajudar, você brincar com ele e lhe agradecer, ele entenderá que cooperar o aproxima das pessoas, e que esse é um valor importante. Se, ao contrário, você o recompensa comprando um brinquedo, ele entenderá que ter coisas materiais é algo realmente importante na vida e que quando for mais velho provavelmente vai precisar ter muitas mais coisas para se sentir satisfeito ou recompensado. Se julga que há alguma possibilidade de que o seu filho ou filha não será milionário quando for mais velho e que não possa sempre comprar o capricho que o faça sentir especial ou importante, é muito provável que você o esteja programando para se sentir pouco útil e muito infeliz. Mesmo se tivesse a certeza de que ele poderia vir a ser rico, utilizar recompensas materiais continuará a ser uma má estratégia porque ele aprenderá de forma mais lenta e não conseguirá entender bem o valor do carinho e da ajuda mútua. Na minha opinião, sem sombra de dúvidas, quanto menos recompensas materiais, melhor.

Algo parecido acontece com a comida. Se ensinar o seu filho que sempre que se portar bem desfrutará de uma guloseima, doce ou pacote de batatas fritas, não o ajudará em nada. Os doces e os produtos ricos em gorduras podem provocar uma rápida subida do açúcar que, para o cérebro da criança, é realmente agradável. Quanto à química cerebral, é difícil competir com a subida do açúcar de um chocolate e, provavelmente, quando ele crescer e quiser sentir-se satisfeito, o seu cérebro pedirá um doce ou algum outro produto que sacie essa dependência do açúcar que nós criamos. Se não quer que o seu filho utilize a comida como uma forma de se sentir bem consigo, recomendo-lhe também que não a utilize como recompensa. Em alguns casos, pode-se reforçar com atividades que impliquem comer um doce; se, por exemplo, durante o verão, a criança se comportar muito bem, podemos recompensá-la com uma ida à sorveteria, uma atividade na qual o passeio com o pai ou a mãe é tão importante quanto o sorvete.

No entanto, e como regra geral, recomendo-lhe que reforce o seu filho com uma recompensa social. Ou seja, que lhe agradeça, felicite, atribua algum pequeno privilégio, como ajudá-lo a levar o lixo, ou que lhe dedique o seu tempo para se sentar no chão e brincar do que ele quiser. A seguir, você pode ver uma lista de recompensas, organizadas em função da sua eficácia e ineficácia.

Recompensas eficazes	Recompensas pouco eficazes
• Passar tempo brincando do que a criança quiser. • Atribuir-lhe uma responsabilidade (levar as chaves). • Conceder-lhe um privilégio (escolher o que comer no jantar). • Dizer-lhe que fez aquilo de forma correta. • Felicitá-la. • Agradecer-lhe.	• Brinquedos e outros prêmios materiais. • Comida. • Indicar-lhe que o fez de forma correta, mas que pode fazer melhor. • Felicitá-la na frente dos outros a ponto de deixá-la envergonhada.

É muito importante levar em conta os gostos e as preferências do seu filho no momento de escolher as recompensas. Há crianças que gostam de ajudar os pais a cozinhar, outras preferem ajudá-los a lavar o carro. Para algumas crianças, o melhor reforço será pintar com a mãe e, para outras, ler uma boa história juntos.

Seja como for, tente não esquecer que a recompensa não deve ser o motor da criança, mas sim a consequência agradável que faz com que os comportamentos positivos se repitam e sejam motivados espontaneamente. É inútil a criança tirar os pratos da mesa para, em troca, passar alguns momentos pintando com a mãe, porque não vai aprender a importância de assumir a sua responsabilidade, mas sim a utilidade de o fazer. Nesse sentido, é importante saber que os reforços devem ser aplicados depois de a criança ter feito alguma coisa importante ("Você tirou a mesa tão bem que esta noite vamos ler duas histórias.") e que não convém oferecê-los como moeda de troca ("Se você tirar a mesa direitinho, vamos ler duas histórias."). Embora possa parecer uma diferença sutil, para o cérebro da criança tem uma importância extrema, porque ela está aprendendo duas coisas diferentes. Além disso, no primeiro caso, a criança ganha confiança e satisfação. No segundo, sentirá que os pais não confiam nela e que ela é como um burro que precisa de uma cenoura para se portar de forma adequada.

"Que bom que você tirou os pratos! Esta noite, vamos ler duas histórias!"	"Se você tirar a mesa direitinho, vamos ler duas histórias."
Quando cumpro o meu dever, sinto-me bem.	Quando há uma recompensa, cumpro o meu dever.

Quando dar um reforço

1. *Quando for necessário.* A primeira coisa que você deve saber é que o reforço é algo natural que acontece na vida. Quando uma criança investiga e encontra algo interessante, sente satisfação; quando fala com o seu irmão de poucos meses de idade e este olha para ela, sente satisfação, e quando o bebê é correspondido pelo seu irmão mais velho também sente o prazer de estabelecer uma ligação com outro ser humano. Não é necessário que recompensemos e premiemos tudo o que o nosso filho faz, porque as palavras de reconhecimento podem perder valor se são repetidas em excesso. O ideal é recompensar ao apreciar um progresso, uma atitude nova e positiva – como o esforço ou a concentração –, quando a criança reparar em um erro que cometeu ou quando quiser partilhar a sua satisfação.
2. *Imediatamente.* Sabemos que quanto mais perto estiver a recompensa do comportamento, mais eficaz ela será. O cérebro age em frações de segundo e, portanto, para associar um comportamento a outro, como, por exemplo, guardar os brinquedos com uma sensação agradável ou o agradecimento da sua mãe, as duas experiências devem estar muito próximas.
3. *Por fases.* Às vezes, não é fácil dar a recompensa imediatamente, porque alguns desafios e propósitos implicam grandes recompensas. Imaginemos que vocês definiram

como objetivo que o seu filho mais velho ponha a roupa suja no cesto todos os dias durante uma semana. Essa pode ser uma meta difícil de manter para uma criança pequena, mas, contudo, podemos ajudá-la a sentir satisfação se fizermos uma marca em um quadro ou se desenharmos uma carinha sorridente em uma folha, ao lado do cesto da roupa suja, sempre que ele o fizer corretamente. Dessa forma, não só estamos permitindo que a criança sinta a recompensa em forma de reconhecimento sempre que supera um desafio de maneira correta, mas também vamos ajudá-la a adiar a gratificação final ao dividi-la em satisfações menores que ela consegue atingir. Essa é uma capacidade realmente difícil para o cérebro, mas que costuma distinguir as pessoas que são capazes de atingir as suas metas das que não são. Portanto, ajudar a dividir metas a longo prazo em pequenas satisfações é uma estratégia que vai ser de grande ajuda.
4. *Quando a criança fizer o melhor.* Provavelmente, o erro mais frequente que observei na educação das crianças é que os pais não sabem recompensar a mudança. Com frequência, os pais podem deparar-se com situações desagradáveis. Um irmão que bate no outro irmão, um menino que morde seus colegas de turma ou, simplesmente, um que não quer se vestir quando lhe pedimos. Nesse ponto, vou dar-lhe um conselho que vale o peso do seu filho em ouro: não espere que o comportamento seja o mais adequado. Recompense a criança quando esta

O cérebro da criança explicado aos pais

fizer as coisas um pouquinho melhor ou um pouquinho menos mal do que no dia anterior.

    Trabalho há 15 anos com pacientes com problemas de comportamento severos e muito severos, e posso garantir-lhe que em todos os casos a receita para conseguir que adotem um bom comportamento passa por valorizar e reparar nos pequenos progressos. Claro que seria maravilhoso que alguém pudesse mudar do dia para a noite. Talvez pudéssemos dizer a um menino de 2 anos uma frase, como "João, não quero que você morda novamente", e que a criança mudasse logo o seu comportamento. No entanto, sabemos que o cérebro não funciona assim. O cérebro muda pouco a pouco, à base de repetições e aproximações sucessivas. Nesse sentido, gosto de explicar que provocar uma alteração no cérebro de uma criança é como abrir um novo caminho em um campo de relva. Para que a criança se acostume a transitar por um novo caminho, antes de mais nada, deverá pôr um pé fora do antigo. Em segundo lugar, deverá continuar a caminhar na direção que lhe indicarmos. Em terceiro lugar, deverá caminhar muitas vezes – ao longo dos dias e das semanas – por esse percurso para que a relva seja pisada e acabe por se transformar em um caminho de terra. E, em quarto lugar, deverá acreditar que a erva vai voltar a cobrir o antigo caminho pelo qual já não queremos regressar. Nessa perspectiva, não há melhor forma de motivar o comportamento de uma criança do que dando-lhe um reforço quando puser um pé no caminho que queremos que percorra.

Reforços-armadilha

Os reforços-armadilha são todos os prêmios, recompensas ou reforços que escondem uma armadilha e que, portanto, são contraproducentes.

1. *Reforços que deixam ver a insatisfação.* Quando utilizamos uma situação positiva para demonstrar insatisfação ou pedir um pouco mais, o cérebro da criança, em vez de sentir a satisfação que serviria como reforço, vai sentir frustração. Por exemplo, se a mãe de Ângela lhe diz "Você arrumou tudo, mas tive de lhe pedir três vezes", a menina sentirá que o seu comportamento está sendo reprovado e aprenderá que não vale a pena fazer o esforço.
2. *Reforços que expressam rancor ou despertam culpa.* Se, quando o seu filho se porta bem no momento de se vestir, você faz um comentário como: "Muito bem, Ricardo, hoje você se vestiu muito bem e não como nos outros dias", o cérebro dele sentirá imediatamente o peso da rejeição e o reforço terá perdido toda a utilidade.
3. *Reforços que expressam obrigação.* Quando dizemos a uma criança: "Muito bem, Alice, espero que a partir de agora você faça isso sempre assim", o cérebro dela detectará imediatamente que, mais do que uma recompensa, o comentário expressa exigência. Em vez de satisfação, o cérebro sentirá frustração.

A representação a seguir podia ser um exemplo do que acontece à criança quando ela se encontra diante de um reforço-armadilha.

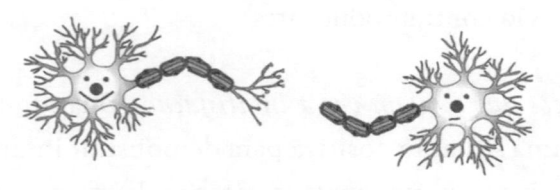

Quando me esforço ou me porto bem
→ sinto-me triste ou desanimado.

Como você pode ver, o efeito imediato é que a criança se sente triste ou frustrada. O efeito a curto prazo é que o reforço não terá qualquer eficácia, porque o cérebro não sentiu nenhuma satisfação e, portanto, é possível que demore algum tempo até ela voltar a comportar-se bem. O efeito a longo prazo, se esse tipo de reforços-armadilha se repetir, fará com que a criança sinta um afastamento emocional do pai ou da mãe, já que a insatisfação que este presente envenenado traz consigo fará com que se afaste afetivamente dos pais.

Em vez de dizer...	Tente dizer...
"Você fez isso muito bem, mas ainda pode fazer melhor". "Muito bem, hoje você se vestiu sozinho. Não como nos outros dias". "Alice, você fez tudo muito bem, espero que a partir de agora faça sempre assim".	"Você fez isso lindamente". "Você se vestiu muito bem, sim, senhor!" "Alice, estou orgulhosa de você".

Recapitulando

Uma das características mais importantes dos pais que têm sucesso no seu trabalho como educadores é o fato de utilizarem frequentemente reforços para fortalecer ou motivar comportamentos da criança que se ajustam às normas sociais. Não reforce a criança a todo momento: na maioria das vezes a sua satisfação é o melhor reforço. O melhor momento para dar o reforço é quando você está ensinando para seu filho uma nova habilidade ou quando tenha feito um progresso em um comportamento concretamente. E o mais importante! Dê reforço a seu filho com reconhecimento, tempo e carinho e deixe de lado as recompensas materiais e a comida.

10
Alternativas ao castigo

"Ajude os outros a concretizarem os seus sonhos e concretizará os seus."

Les Brown

Imagine que o cérebro do seu filho é como um antigo comboio com duas locomotivas a vapor, uma em cada extremo do comboio. A primeira aponta para um comportamento positivo que lhe permitirá conseguir atingir as suas metas na vida. A segunda locomotiva aponta para um negativo, que lhe vai trazer dificuldades e sofrimento. Agora quero que imagine que cada comentário que você faz ao seu filho é como um tronco de madeira. Em qual das duas caldeiras quer colocar o tronco? Na que alimenta a locomotiva que aponta para a satisfação ou na que o leva para a insatisfação? É muito frequente que os pais decepcionados centrem toda a sua atenção nos comportamentos negativos dos filhos. Isso também acontece na escola. Alguns professores, desesperados pela falta de colaboração de algumas crianças, começam a centrar a sua atenção nos comportamentos negativos da criança. Quando centramos a atenção no que é negativo, é como se lançássemos um tronco que aponta para a caldeira das dificuldades. Talvez sinta que o seu dever é prestar atenção e reparar em tudo o que o seu filho faz de negativo, para que não volte a fazê-lo, mas, em muitos casos, a única coisa que se consegue é alimentar maus comportamentos. Como vimos anteriormente, a melhor estratégia para motivar um comportamento positivo na criança é reparar nos seus bons comportamentos. Então, como podemos corrigir os comportamentos negativos para conseguir centrarmo-nos nos positivos? Procurando alternativas ao castigo.

Por que os castigos não funcionam

Castigar uma criança, seja porque não a deixamos andar de bicicleta quando quer, seja porque lhe dizemos que é medrosa ou caprichosa, tem três consequências negativas que qualquer pai e educador deveria evitar. A primeira delas é a de ensinar a criança a utilizar o castigo contra os outros como forma válida de relação. Qual é o benefício de fazer com que a criança se sinta caprichosa? Qual é o benefício para a criança ou para o mundo de fazer com que não desfrute do tempo passado a andar de bicicleta? Seguramente, nenhum. É muito possível que a criança não aprenda nada mais do que a ideia de que quando uma pessoa se sente frustrada pode voltar-se contra os outros, e de que quando o outro se sente mal parte do dano que causou fica reparado. Não sei como você valoriza esses dois aspectos, mas, sem dúvida, estão muito longe dos valores que quero transmitir aos meus filhos. A segunda consequência negativa de aplicar castigos é que tais castigos facilitam o aparecimento da culpa. Normalmente, o castigo termina quando a criança começa a chorar ou quando passou tempo suficiente para se sentir mal. Nesse momento em que a criança chora ou em que a sua dignidade é vencida e pede desculpas, o pai ou a mãe costumam interromper o castigo. Dessa forma, a criança aprende rapidamente que quando se sente triste por alguma coisa que não devia ter feito os seus pais perdoam-lhe e voltam a gostar dela. Esse mecanismo, tão simples e terrível, é a origem da culpa na criança que acompanha alguns adultos ao longo de toda a vida. Como se não bastasse, o castigo não evita que a criança desaprenda o que aprendeu ao portar-se mal, ou seja, a criança que bate em outra não deixa de sentir satisfação por ter feito isso. Assim, são muito mais eficazes os limites, que evitam precisamente os maus comportamentos. Definitivamente, a criança que é castigada porque não se portou bem pode realizar associações tão pouco benéficas para o seu desenvolvimento como aquela que veremos em seguida.

A última e – do meu ponto de vista – a mais negativa de todas as consequências que tem o castigo é o que ensina à criança sobre si própria. Quando castigamos a criança por desobedecer ou lhe dizemos que é uma desobediente, o seu cérebro utiliza essa informação para formar um "autoconceito". Sempre que dizemos à criança qualquer frase que começa por "você é", o cérebro da criança guarda esses dados em uma estrutura chamada "hipocampo", que tem a função de armazenar todos os conhecimentos sobre o mundo e sobre si própria que lhe vão permitir tomar decisões na vida. Assim, se a criança sabe que um cão contente abana a cauda, decidirá tocar em um cão que a abane. Se sabe que no verão tomamos sorvetes, pedirá um sorvete à mãe em um dia de calor para desfrutar do seu frescor. Da mesma forma, se a criança se julga corajosa ou obediente agirá de acordo com isso, enquanto se as mensagens dos seus pais ou professores fixaram em sua memória que é uma criança desobediente também agirá de acordo com isso. A criança que sabe que é desobediente, caprichosa, egoísta ou preguiçosa não vai ter outro remédio senão agir na vida tendo em conta aquilo que sabe sobre si própria.

Nesse sentido, há poucas coisas que possam fazer tanto mal ao autoconceito e às possibilidades de uma criança como todas as mensagens negativas sobre si própria que ficaram gravadas na sua memória.

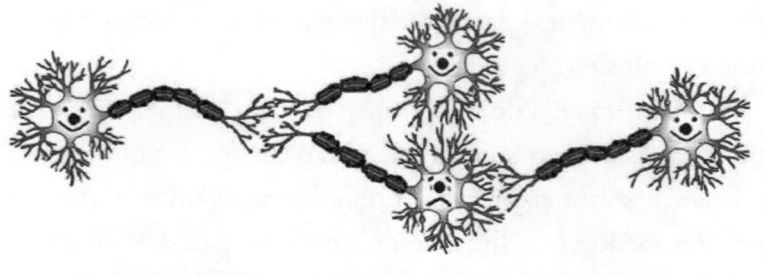

Quando bato, consigo o que quero. → Quando consigo o que quero, sinto culpa. → Quando sinto culpa, os meus pais me perdoam e sinto-me bem.

Hipocampo
Conhecimentos do mundo
- Minha professora chama-se Sônia
- No verão tomamos sorvetes
- Quando estão contentes, os cães abanam o rabo

Conhecimento sobre nós próprios
- Sou uma medrosa
- Sou caprichosa
- Sou egoísta
- Sou corajosa
- Sou capaz de esperar
- Sei partilhar

Castigos-armadilha

Outro motivo pelo qual os castigos podem não ser eficazes é devido àquilo a que chamo "castigos-armadilha". Um castigo-armadilha é uma chamada de atenção, uma irritação ou um castigo no sentido mais clássico da palavra que, em vez de desmotivar a criança para fazer alguma coisa, a motiva mais. Os castigos-armadilha aparecem quando a criança, que normalmente não recebe atenção suficiente dos seus pais – passam pouco tempo com ela, não sabem reforçar os seus comportamentos positivos –, aprende que, ao fazer as coisas de forma errada, os seus pais lhe prestam atenção. Hugo, por exemplo, pode aprender que, quando bate no irmão mais novo, a mãe o repreende. Para uma criança que se sente sozinha, ser repreendida é muito melhor do que sentir-se invisível e, portanto, baterá mais vezes no irmão.

Nesse caso, a mãe deve adotar uma estratégia diferente. Por exemplo, pode felicitar o Hugo quando ele estiver algum tempo sem bater no irmão. Também pode dedicar todos os dias um momento para estar só com ele, quando o mais novo estiver dormindo. É evidente que a mãe não pode permitir que a criança tenha essa atitude com o irmão mais novo, mas em vez de estar constantemente destacando o lado negativo pode optar por recompensar o lado positivo. Dessa forma, os pais podem evitar os castigos-armadilha e mudar totalmente a situação ao prestar atenção àquilo que é positivo, não dando tanto "protagonismo" ao que é negativo.

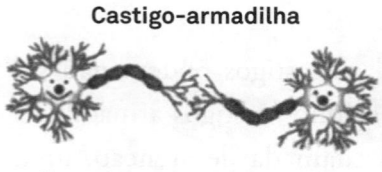

Castigo-armadilha

Quando me comporto mal → prestam atenção em mim.

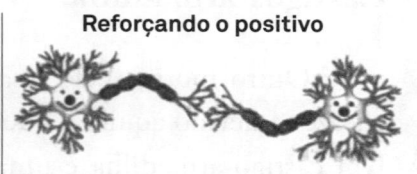

Reforçando o positivo

Quando me comporto bem → prestam atenção em mim.

Como você pode ver, são muitos os motivos que fazem do castigo uma estratégia pouco eficaz e evoluída de educar os filhos; por vezes, cumprem o seu objetivo, mas implicam sempre consequências negativas. Com isso não quero dizer que devemos deixar a criança pensar que pode fazer o que quiser. Provavelmente, castigar uma criança que bateu em outra é muito melhor do que não fazer nada. Só quero dizer que há outras estratégias menos prejudiciais e mais eficazes do que o castigo. Em seguida, você poderá verificar que há muitas alternativas ao castigo que vão ajudá-lo a corrigir seus filhos de forma muito mais construtiva e positiva do que por meio do castigo.

Ajudá-la a conseguir

O objetivo de qualquer castigo costuma ser que a criança aprenda e atinja as suas metas. Imagine que você é um cardiologista e que em um *check-up* de rotina descobre que a sua melhor amiga tem uma cardiopatia. Se ela não fizer exercício e não alterar a sua alimentação vai ter um enfarte que terá consequências negativas para o seu estado de saúde. O que faria nessa situação? Esperaria que sofresse o enfarte para criticar os seus hábitos alimentares e a sua falta de exercício ou falaria com ela e a ajudaria a perder alguns quilinhos e a comer de forma mais saudável?

Se for uma boa amiga, com certeza não teria dúvidas. Ajudaria a sua amiga, por todos os meios, a vencer a sua doença. Com mais motivos do que um bom amigo, um bom pai e uma boa mãe não esperam o fracasso, ajudam a criança a atingir as suas metas e a sentir-se bem. Se você sabe que o seu filho Santiago tem tendência para morder a irmã quando está zangado, não espere pela discussão, ajude o Santiago a não mordê-la. Sente-se junto dele e, quando achar que ele está zangado, ajude-o a controlar-se. Se Pedro não aparece quando o pai o chama, este pode ficar quieto chamando-o e irritando-se ainda mais, ou pode optar por ir até onde a criança está, pegá-la pela mão com suavidade e levá-la até onde lhe pediu que fosse. Com o primeiro método, a insatisfação mútua estará garantida; porém, com um pouco de ajuda, os dois se sentirão melhor e acabarão por estar cada um em seu lugar: o pai controlando a situação e Pedro onde o seu pai lhe pediu para estar. Da mesma forma, se Rosa demora muito tempo para comer, podemos optar por nos irritarmos ou por ajudá-la a acabar mais depressa cortando a carne em pedaços mais pequenos para ela, dando-lhe alguma colherada ou, inclusive, permitindo que ela deixe um pouco de alimento no prato caso já tenha comido uma boa quantidade.

Outra vantagem de ajudar a criança a não se enganar é que isto favorece o que conhecemos por "aprendizagem sem erros". Esta técnica, concebida para ajudar pessoas com problemas de memória a aprender, baseia-se na seguinte premissa: qualquer pessoa aprende mais depressa se o fizer corretamente de primeira. Se ajudar o seu filho a fazer as coisas da forma correta quando normalmente costuma fracassar, só o estará ajudando a aprender mais rapidamente.

Determine consequências

Na vida real, cada uma das nossas ações tem consequências. Se chegamos tarde a uma entrevista de trabalho, provavelmente vamos causar má impressão e não vão contratar-nos. Se dirigirmos em alta velocidade, é muito provável que nos multem e se, por exemplo, nos dedicarmos a fundo quando tivermos de cozinhar, é muito provável que a comida fique deliciosa. Muitos pais, quando pensam em consequências, imediatamente pensam em castigos, mas normalmente não é preciso aplicá-los porque a vida apresenta suficientes consequências naturais que podem fazer com que a criança entenda quais são os comportamentos que favorecem melhores resultados. Nesse sentido, o trabalho dos pais pode ser tão simples quanto mostrar à criança as consequências das suas ações, de acordo com algumas normas básicas. Imaginemos que na casa do Mário há sempre discussões e aborrecimentos porque ele deixa os brinquedos desarrumados. Os pais podem estabelecer a norma de que o Mário não pode brincar com outro brinquedo enquanto não arrumar todos aqueles com os quais não está brincando. Não é que o castiguem com a impossibilidade de brincar; a criança poderá saltar com um pé só, fazer uma pirueta ou imitar um crocodilo do Amazonas, mas não pode utilizar outro brinquedo enquanto não guardar o anterior. Lembro-me de que há uns meses eu e minha mulher estávamos desesperados porque um dos nossos filhos demorava tanto tempo para jantar que podia passar uma hora e meia à frente de um prato de legumes, de uma omelete e de um copo de leite. Quando estava preparado para ir se deitar, nós também estávamos. Não é uma criança desobediente nem com pouco apetite, simplesmente gosta de ter este tempo para ele e o desfruta divagando e falando sem parar. Queríamos ajudá-lo a terminar em um tempo razoável, mas todas as nossas tentativas eram inúteis. Passamos meses assim, tentando descobrir como ajudá-lo, até que um dia nos demos conta de que se havia alguma coisa que ele valorizava mais do que a conversa durante o jantar era o momento da história antes de dormir. Se acreditássemos nos castigos, teríamos dito a ele que se não acabasse em uma determinada hora ficaria sem história. Em vez disso, estabelecemos uma norma. Eu começaria a ler a história 45 minutos depois do início do jantar. É um tempo mais do que suficiente para jantar sem pressa. Explicamos às crianças que a história começaria àquela hora, quer estivessem ou não na cama. Na primeira noite em que a norma entrou em vigor, as coisas decorreram como de costume, a não ser que dessa vez li a história *Vamos à caça do urso* sozinho, deitado na cama deles, exatamente 45 minutos depois de começarem a jantar. Tanto ele como o irmão não acreditavam. Zangaram-se muito comigo e exigiram entre soluços e raiva que voltasse a lê-la. Como você pode imaginar, não o fiz. Sabia que eram capazes de superar essa pequena frustração. No dia seguinte, jantaram em 35 minutos e lemos a história do urso e outras duas histórias – uma consequência positiva de terminar depressa. Desde essa noite, todos os dias – nem um minuto a mais, nem um minuto a menos – começamos a ler a história 45 minutos depois de nos sentarmos à mesa. Por vezes esperamos um ou dois minutos porque algum deles se esqueceu de fazer xixi ou não escovou bem os dentes, mas costumamos ser todos pontuais no nosso encontro com as histórias. Você também pode determinar algumas consequências naturais para as tarefas nas quais os seus filhos se atrapalham com mais frequência. O mais natural é que a criança se adapte às consequências, o que, como pode ver, é muito mais eficaz e implica menos culpa do que um castigo.

Mude de perspectiva

Como você deve se lembrar do que foi dito anteriormente, reforçar é muito mais eficaz do que castigar. Por isso a seguinte estratégia é realmente útil. Para poder colocá-la em prática, você só precisa mudar a sua perspectiva sobre o fato de premiar e castigar. Imaginemos que a Teresa costuma implicar com a irmã. Nessa situação, muitos pais estabeleceriam uma norma para impedir que isso acontecesse: "Se a Teresa implicar com a irmã, não poderá ver desenhos animados depois de lanchar durante algum tempo". Até certo ponto, esta é uma consequência justa aos olhos de uma criança dessa idade; contudo, há alternativas mais eficazes, pois se os pais da Teresa aplicam essa norma estão prestando muita atenção ao fato de ela incomodar a irmã, e deixam-na zangada quando essa norma é transgredida. Se aplicarmos o método de mudar de perspectiva, daremos a volta à situação para fazer praticamente o mesmo, mas com uma abordagem muito mais positiva. A norma pode ser: "As crianças que se portam bem durante o lanche podem ver desenhos animados". Dessa forma, a atenção centra-se no bom comportamento e o cumprimento da norma é associado a um sentimento de satisfação. É uma ideia simples, mas muito eficaz, embora por vezes os pais mais experientes tendam a esquecê-la. Tente considerá-la ao determinar consequências para aplicá-las sempre a partir de uma perspetiva positiva, e quando vir que, em um contexto qualquer, o castigo começa a ser frequente, não se esqueça de que você pode contornar o assunto e mudar a norma para que a criança preste atenção (e, portanto, ative a parte do cérebro que controla a vontade) ao comportamento positivo.

Reparar as ações

Outra regra básica para corrigir comportamentos impróprios é que ações que magoaram outras pessoas ou que danificaram objetos sejam reparadas. Reparar as nossas ações é um gesto de responsabilidade e é muito eficaz porque funciona como uma consequência natural delas. Lembro-me de uma mãe que, muito angustiada, comentou comigo que o seu filho Miguel levava brinquedos da casa dos amigos. Preocupada, perguntava aos pais dos outros meninos se lhe tinham oferecido o brinquedo e a resposta habitual era que não. Depois de ela entregar pessoalmente o brinquedo aos pais e de pedir desculpa, recomendei-lhe aquilo que costuma ser mais natural: que a criança fosse ela mesma corrigir a sua ação. Aproximadamente um mês mais tarde voltei a encontrar-me com essa mãe e perguntei-lhe como é que as coisas tinham corrido. Confessou-me que poucos dias depois de ter falado comigo o seu filho levou uns cromos da casa de um amiguinho. Quando chegaram em casa e a mãe se apercebeu de que os cromos não eram dele, disse à criança que tinha de devolvê-los no dia seguinte e pedir desculpa por tê-los levado. No dia seguinte, Miguel esperneou, chorou e suplicou em frente a casa do amigo pedindo que sua mãe fosse devolvê-los. A mãe, uma mulher muito meiga e sensata, disse-lhe que ia ajudá-lo a fazê-lo. Miguel, um pouco mais calmo e acompanhado pela coragem que sentia com a sua mãe ao lado, devolveu os cromos e desculpou-se. Passaram uns meses e Miguel não voltou a levar brinquedos da casa de seus coleguinhas. Agora ele pede à mãe que o deixe levar alguns dos seus brinquedos para a casa dos amigos e troca-os com eles, sempre de comum acordo. Determinar consequências costuma ser mais fácil e menos traumático do que foi para o Miguel. Quando uma criança bate no irmão, corrigir o dano significa pedir-lhe desculpa e dar-lhe um beijinho. Quando joga um pouco de comida no chão pode pegar e colocá-la no lixo, e quando deixa cair o leite no chão no meio de uma brincadeira ou porque é distraída, em vez de repreendê-la e de se zangar com ela dizendo que deve ter mais cuidado, podemos ir com ela buscar o pano e ensinar-lhe a limpar o leite derramado. O seu cérebro aprenderá mais depressa a ter cuidado com as coisas e, em vez de ser um acontecimento traumático, será divertido para ela. E, sobretudo, como digo aos meus filhos: "Por que sou eu que vou limpar se não fui eu que derrubei no chão e você tem mãos para fazer isso?"

Recapitulando

O castigo é a consequência menos agradável e pedagógica que se pode aplicar a uma criança. Por vezes a criança procura o confronto ou o castigo porque precisa sentir que os seus pais lhe prestam atenção. É muito importante lembrar-se de que todas as crianças precisam de bastante tempo de brincadeira e de atenção por parte dos pais. Repreendendo-as só castigamos as suas necessidades e reforçamos os maus comportamentos. Procure alternativas eficazes para não entrar na dinâmica dos maus comportamentos. Determine consequências claras, insista em que repare as ações que magoaram outras pessoas ou danificaram objetos e, sobretudo, ajude-a a fazer as coisas corretamente quando sentir que vão acabar por se zangar. Lembre-se de que um bom amigo não fica parado à espera de que o vá cumprimentar, ele encontra-o a meio caminho. Você também pode ajudar o seu filho a cumprir aquilo que lhe pede, encontrando-o a meio caminho. Em vez de se zangar e de ficar desanimado, ajude-o a sentir-se vitorioso.

11
Impor limites sem dramas

"Uma mente disciplinada conduz à felicidade, uma indisciplinada, ao sofrimento."

Dalai Lama

Os limites sempre foram um tema controverso na educação. Por todo o lado há correntes educacionais e pais decididos a reduzir os limites e as normas ao mínimo. As próprias crianças são as primeiras a discordar da imposição de limites no processo educacional. Não há melhor forma de ver o lado mais obscuro de cada criança do que impondo-lhe um limite do qual ela não estava à espera. Até a criança mais doce pode transformar-se em um diabinho quando se encontra perante a frustração que implica ter de respeitar um limite que antes não existia. Provavelmente é por isso que muitos pais e educadores têm tanto trabalho para estabelecer limites e fazê-los prevalecer. O pânico que muitos deles têm ao enfrentar a criança zangada e a desolação que sentem ao ver o seu sofrimento são tais que desenvolveram teorias educacionais baseadas em reduzir ao mínimo os limites. Porém, de acordo com minha experiência e a partir da perspectiva dos educadores mais destacados, isso é um grave erro.

O cérebro da criança explicado aos pais

Como neuropsicólogo, posso garantir a qualquer pai e educador que os limites são essenciais na educação do cérebro. Posso defender esta afirmação porque existe toda uma região do cérebro dedicada exclusivamente a impor limites, fazê-los prevalecer e ajudar as pessoas a tolerarem a frustração que o seu cumprimento acarreta. Para além disso, esta região da qual estou falando, a região "pré-frontal" do cérebro, é, sem dúvida, a mais importante de todas para atingir a felicidade. Quando me deparo com um paciente que tem essa região afetada, estou diante de uma pessoa que não consegue controlar a sua irritação, que não respeita os limites de outras pessoas e que não consegue respeitar as normas sociais para conseguir atingir as metas que deseja.

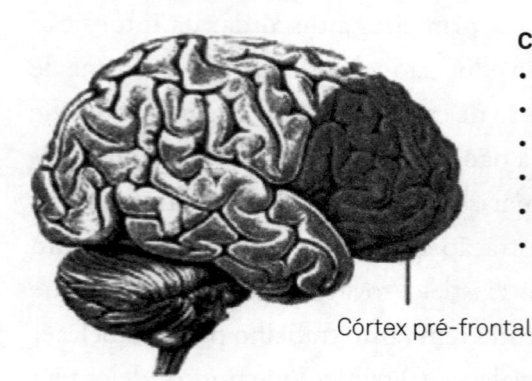

Córtex pré-frontal
- Interiorizar normas
- Autocontrole
- Planejar
- Organizar
- Resolver problemas
- Detectar falhas

Córtex pré-frontal

O cérebro humano dedicou milhões de anos a desenvolver essas estruturas de fixação de limites, porque melhoram – antes e agora – as suas possibilidades de sobreviver e de conviver em sociedade.

Alguns pais insistem em estigmatizar a imposição de limites sem se darem conta de que satisfazer a criança sempre que não quer comer à mesa, sempre que pede ao pai para carregá-la no colo porque não quer andar ou sempre que exija mamar neste preciso momento é incongruente. Os pais também têm de impor limites às suas próprias necessidades e desejos para que o filho conheça os limites normais que há na vida. Vejamos o exemplo de mamar, já que pode ser o mais controverso. A partir do terceiro ou do quarto mês, a criança é capaz de esperar calmamente durante períodos curtos de tempo antes de mamar. Isto quer dizer que a mãe pode regular de certa forma o momento em que o bebê come. Se vai dirigir, pode dar a mamadeira ao bebê antes de entrar no carro, para ele não precisar comer no carro em movimento. Da mesma forma, se a mãe está na fila do ônibus, pode esperar com calma até estar confortavelmente sentada dentro do ônibus para satisfazer a necessidade do filho. Sem dúvida, satisfazer a vontade imediata de mamar é a melhor opção para alimentá-lo, mas isto não é incompatível com o fato de querer ensinar ao bebê que por vezes ele é capaz de esperar um pouquinho.

No âmbito educacional, os limites são uma das bases fundamentais para o desenvolvimento da criança. Sabemos que a sua capacidade de fixar os próprios limites e de se controlar são os melhores indicadores de sucesso acadêmico e social. Basta falar com um grupo de professores para entender que as crianças de hoje, mais do que amor e carinho, precisam de limites. Até uma perturbação tão comum como o déficit de atenção é em grande parte provocada pela falta de limites. Falaremos mais à frente sobre a forma como os limites podem ajudar no desenvolvimento intelectual e emocional da criança e como podem contribuir para a prevenção do déficit de atenção e outras patologias. Neste capítulo – e agora espero que você já esteja convencido da importância de o cérebro da criança saber interiorizar e respeitar os limites – vou ensiná-lo a impor e a fazer prevalecer limites positivos para o seu desenvolvimento. Sem dramas para si, e sem dramas para a criança.

O ato de impor limites

Quero que você imagine uma cena que talvez tenha vivido alguma vez. Quero que imagine que um bebê de aproximadamente 1 ano de idade chega até o gabinete que está na parte de baixo da pia da cozinha. O bebê se senta, abre a porta e descobre um fascinante mundo de detergentes, garrafas de alvejante e pastilhas para a máquina de lavar louça. O que faria nesta situação? Sem dúvida, retiraria qualquer produto que a criança tivesse pegado, fecharia a porta e afastaria o bebê do armário. Não é verdade? Bom, quero que grave na sua cabeça esta cena e que relembre com nitidez essa sensação de segurança calma que o invadiu quando se imaginou tirando a garrafa de alvejante das mãos do seu filho. Impor limites com eficácia e sem dramas requer essa atitude. O ato de saber que o que está fazendo é bom para o seu filho. A atitude de agir como se não houvesse nada para discutir e de saber como vai acabar a cena. Quando o seu filho vai bater em outra criança, vai saltar de um lugar demasiado alto ou decide que vai comer sem babador, a sua atitude deveria ser tão imediata, clara e segura como quando pega a garrafa de alvejante. Simplesmente não permita que aconteça aquilo que não quer que aconteça.

Impor limites aos comportamentos pouco adequados é muito importante, porque estamos evitando que se estabeleçam conexões entre os seus neurônios que não vão favorecer o seu desenvolvimento intelectual, emocional e social. Vejamos um exemplo. Se uma criança quer o brinquedo de outra criança, é possível que decida bater-lhe para consegui-lo. Nesse caso, a criança sente satisfação por ter conseguido isso, embora esteja quebrando uma regra social muito importante. Se, pelo contrário, impomos um limite ao evitar que a criança fique com o brinquedo, evitamos que se estabeleça essa conexão e que a criança repita o comportamento.

Impondo limites não só evitamos os comportamentos não desejados, o que ajuda a melhorar o autocontrole da criança, mas também fazemos com que procure alternativas, o que a levará a ser mais flexível e adaptável.

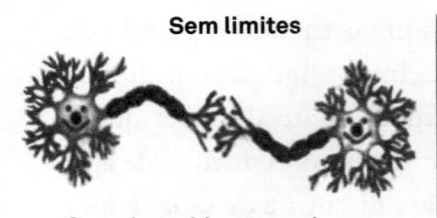

Sem limites	Com limites
Quando agrido → consigo o que quero. Voltarei a agredir.	Quando agrido → não consigo o que quero. Não voltarei a agredir.

Quando começar a impor limites

Muitos pais e mães não se apercebem, mas os limites fazem parte da vida da criança desde o seu nascimento, e é importante que ela se acostume a eles pouco a pouco. Quando o bebê está na barriga da mãe, não tem qualquer limite. A criança faz parte da mãe e não há barreiras que os separem. Provavelmente, essa fusão e placidez infinita que sentimos dentro da bolsa amniótica faz com que muitos adultos tenham dificuldades para aceitar os limites. No entanto, é a lei da vida. Fora da barriga da mãe as coisas já não são iguais. Se correr tudo bem durante o parto e se tiverem a sorte de continuar unidos, pele com pele, nas primeiras horas depois do nascimento, a primeira separação entre a criança e a mãe chegará no momento em que a mãe tiver de ir ao banheiro para fazer as suas necessidades, e um pouco mais à frente quando tiver de tomar banho. Nesses momentos, a mãe não pode estar com a criança, e a partir daí existirão muitos outros momentos nos quais, faça a criança o que fizer, não vai conseguir aquilo que quer. Nesses primeiros momentos, os limites chegam sozinhos e são inevitáveis.

Nas primeiras vezes em que um pai e uma mãe devem impor limites à criança costumam surgir quando o bebê começa a ter um pouco mais de mobilidade. Talvez em um momento em que esteja com seu bebê no colo ele tente atirar-se para o chão ou simplesmente se vire várias vezes quando lhe tentar mudar a fralda. Nesse momento é importante relembrar a regra da garrafa de alvejante. Acha que é bom que a criança se atire para o chão? Julga que é possível trocar a fralda de um bebê que está rolando pela cama? Se a resposta a estas duas perguntas é não, recomendo-lhe que, com o espírito da garrafa de alvejante na mente, segure o seu filho com calma, com carinho, mas com confiança. Claro que pode admirá-lo muitas vezes vendo como ele dá a volta, como explora uma coisa que viu no chão, mas se nesse momento o que realmente quer e aquilo de que precisa é trocar a fralda dele ou levá-lo a algum lugar, tente segurá-lo com firmeza e calma e dizer-lhe com doçura: "Agora não" ou "Espera um pouquinho". Assim você vai conseguir que o seu filho comece a fazer uma associação que o ajudará durante toda a vida.

Embora queira uma coisa agora...
sou capaz de esperar um pouquinho.

Mais adiante no livro, você aprenderá como é importante para o cérebro da criança saber esperar. No momento quero apenas sublinhar que isso é crucial para o seu desenvolvimento emocional e intelectual.

Por vezes os limites não são tão fáceis como pedir à criança que espere um pouquinho para fazer o que quer. Também há muitas ocasiões, sobretudo à medida que a criança vai crescendo, em que é preciso substituir o "Agora não" pelo "Não". No entanto, o princípio de aplicação é o mesmo. Quanto mais seguro, claro, calmo e afetuoso for no momento de dizer "Não", mais fácil será para o seu filho entendê-lo. Imaginemos que o seu filho tomou o café da manhã muito cedo e quer ver desenhos animados antes de ir para a escola. Em silêncio, entra na sala de estar e liga a televisão. Na sua casa há uma norma muito clara que diz que nos dias de escola as crianças não podem ver televisão de manhã. É verdade que o seu filho acordou muito cedo e tomou o café da manhã muito rapidamente, contudo, ninguém alterou a regra da televisão. Nesse caso, pode desligar a televisão sem dizer nada ou aproximar-se dele com carinho, reconhecer que ele tomou o café da manhã muito bem e explicar-lhe que, embora não possa ver televisão, pode sentar-se com ele cinco minutos e ler-lhe uma história. Como vê, embora nos dois casos o limite seja respeitado, a forma de impô-lo pode ter consequências muito diferentes. No primeiro caso, o mais provável é que a criança exploda de raiva contra você, enquanto no segundo provavelmente respeitará a sua decisão e a aceitará de bom grado. O que lhe quero transmitir é que há muitas formas de fazer prevalecer os limites e, enquanto umas podem provocar tempestades e conseguir que a relação entre pais e filhos se deteriore, outras podem prevenir conflitos enquanto constroem confiança mútua. Em seguida você vai poder conhecer o que chamo de "as sete regras de ouro para impor limites com sucesso": como impor limites para que a criança os entenda e os interiorize, e evitar que isso seja uma experiência traumática para ela ou para si.

As sete regras para impor limites sem dramas

- *Logo*. Se impuser um limite da primeira vez que observar um comportamento que não lhe agrada ou que não lhe pareça adequado, evitará que se produza uma primeira conexão negativa no cérebro da criança e, portanto, terá muito menos trabalho no futuro, porque evitará que o comportamento negativo se desenvolva.
- *Antes*. Quando vir que o seu filho vai fazer algo que considera perigoso ou negativo para o seu desenvolvimento, tente freá-lo antes que isso aconteça. Tal como na regra anterior, evitar um comportamento não desejado antes de acontecer pode ser muito mais eficaz do que corrigi-lo 20 vezes, quando a criança tiver adquirido o hábito. Poupará muito trabalho a você.
- *Sempre*. O fato de conseguir que uma criança desista de um comportamento pouco apropriado não quer dizer que

não volte a repeti-lo. As crianças são curiosas e persistentes por natureza. Para prevalecerem, os limites devem ser claros e estar sempre presentes no seu cérebro.
- *Consistentemente.* É inútil o pai da criança não deixá-la ver desenhos animados de manhã se a sua mãe permite de vez em quando. É fundamental que o casal chegue a um acordo quanto às normas e regras importantes para o desenvolvimento da criança.
- *Com calma.* Parte do segredo de impor limites de forma eficaz consiste em que os pais se mantenham calmos. Quando gritamos com uma criança ou quando um pai fica nervoso ativa uma parte do seu cérebro que inutiliza praticamente a zona do córtex cerebral que se dedica a gerir os limites. Nesses casos, a criança não vai ser capaz de ouvir, entender ou aprender o que você está tentando transmitir-lhe.
- *Com confiança.* Uma das coisas mais importantes quando vamos conduzir alguém é que essa pessoa se sinta confiante quanto ao fato de sabermos por onde a estamos conduzindo. Se seu filho vir que os pais sabem bem o que pode e não pode fazer se sentirá mais calmo e motivado no momento de cumprir as normas que lhe indicam. O pai terá de discutir menos porque o filho saberá que não será fácil fazê-lo mudar de opinião.
- *Com carinho.* Quando o limite é imposto com carinho, a criança entende perfeitamente que não é um ataque contra ela, mas apenas uma regra que deve cumprir. O

seu grau de frustração será muito menor e você será capaz de fazer prevalecer o limite sem que a vossa relação se ressinta.

Como vê, impor limites não deve ser um drama. Você pode, inclusive, fazer disso algo divertido. Se, por exemplo, o Paulo fugir quando queremos calçar-lhe os sapatos, podemos dizer-lhe "Venha cá, menino!", agarrá-lo pelos tornozelos e dizer-lhe de forma divertida que não vai conseguir fugir enquanto não lhe calçarmos os sapatos. Se a Mariana joga alguma coisa no chão e não quer pegá-la, você pode ficar sério, mas também pode colocá-la em cima do tapete e fazer-lhe cócegas, dizendo-lhe que é uma "malandrinha", e acabar a brincadeira fazendo com que pegue aquilo que jogou no chão. O segredo de impor limites não consiste em fazer um drama, mas sim em conseguir que a criança aja da forma que estabelecemos. Incluir um pouco de brincadeira no assunto diminuirá a tensão, evitará que a criança sinta culpa, e a ajudará a cumprir o que você lhe está pedindo. Além disso, pode ser uma excelente oportunidade de brincar e de fortalecer a ligação entre vocês, em vez de deteriorá-la.

Os diferentes tipos de limites

É provável que em algum momento deste capítulo você terá pensado que o ato de impor limites é um pouco frio e rígido. Parece que qualquer regra que surge em casa é como um dogma que não se pode quebrar de forma alguma. Isso está muito longe da realidade. Até agora quis mostrar-lhe como deve impor os limites quando quer fazê-lo. Porém, há outra parte importante que devemos ter em conta no momento de impor os limites: a necessidade da criança de conseguir atingir as suas metas. Já imaginou como se sentiria uma criança que nunca conseguisse obter o que quer? Provavelmente seria uma criança muito insegura. Da mesma forma que é importante ensiná-la a conhecer e a ser capaz de respeitar as normas, também é fundamental proporcionar-lhe experiências positivas em uma situação em que tinha tudo para perder. Nesse sentido, é tão importante saber fazer prevalecer os limites como saber quebrá-los. Há pouco tempo ouvi uma classificação dos tipos de limites que me pareceu bastante correta e que se parece muito com a classificação de normas que muitos pais fazem de forma inconsciente. Julgo que conhecer estes limites e dar-lhes um nome ajudará muitos pais a lidarem melhor com o mundo real.

- *Limites inquebráveis*. São aqueles indispensáveis para garantir a segurança da criança. Não enfie os dedos na tomada, é preciso dar a mão quando atravessamos a rua, não suba sozinho em lugares com uma certa altura, não beba da garrafa de alvejante, e muitos outros que entram no âmbito do senso comum e que quase todos os pais fazem prevalecer perfeitamente.

- *Limites importantes para o bem-estar.* Estes limites são os que se deve fazer prevalecer sempre ou quase sempre, pois são importantes para o desenvolvimento da criança e o seu bem-estar. No entanto, podem existir algumas exceções ou matizes. Por exemplo, pode-se explicar à criança que ela não deve bater em outra criança, embora também lhe possamos reafirmar o direito de se defender se for agredida. Também é importante almoçar e jantar todos os dias, mas se em um determinado dia a criança está com dor de barriga pode não fazer a refeição. Muitos desses limites têm a ver com os valores dos pais e com as normas sociais. Não se deve bater, cuspir, mentir, dizer palavrões, comer guloseimas a toda a hora, é preciso tomar o café da manhã, almoçar e jantar etc.
- *Limites importantes para a convivência.* Estes costumam ser os limites impostos pelos pais para facilitar a ordem e a convivência. São normas que se deve respeitar, embora os pais possam ser mais relaxados com elas ao fim de semana, nas férias ou quando têm visitas, quando querem quebrar a norma por necessidade ou simplesmente porque querem dar à criança a satisfação de fazer o que quer. Alguns exemplos são: é preciso tomar banho todos os dias, não comer na sala, não tomar sorvete depois do jantar, só comer guloseimas aos fins de semana, ver desenhos animados somente uma hora por dia ou é preciso escovar os dentes.

Ter limites que a criança possa quebrar quando nós o permitimos leva-nos a ensinar-lhe que na vida é preciso sermos flexíveis, e que algumas normas mudam em função das circunstâncias, além de nos permitirem ter uma vida familiar mais adaptável. Se em um sábado à noite, depois de passar o dia com os avós, decidimos ficar para dormir com eles, não escovaremos os dentes nem dormiremos de pijama. Quebrar as regras ajudará o cérebro dos nossos filhos a aprender que desfrutar de um serão brincando com a avó pode ser mais útil do que seguir permanentemente as normas.

Nos capítulos anteriores, você aprendeu a lidar com três ferramentas que vão servir-lhe para motivar o seu filho e que o ajudarão a entender que comportamentos são ou não adequados. Talvez tenha lido – ou algum amigo lhe tenha comentado – que não é bom impor limites nem dar reforço às crianças. Como é evidente, a neurociência tem uma opinião contrária à do seu amigo, porque cada uma dessas ferramentas é útil e permite à criança estabelecer uma série de normas que são muito importantes para o seu desenvolvimento. Sem dúvida, a sua responsabilidade como pai ou mãe é ensinar aos seus filhos até onde eles podem chegar e como podem conseguir o que querem na vida. O melhor dos limites e dos reforços é que, se forem bem aplicados desde o princípio, farão com que o cérebro da criança consolide rapidamente hábitos adequados que, em vez de obrigá-la a continuar a lutar pelas mesmas questões repetidamente, permitirão que continue a avançar no seu amadurecimento.

Recapitulando

Ajudar a criança a conhecer e respeitar os limites é uma das tarefas mais importantes que qualquer pai pode ter para favorecer o desenvolvimento intelectual e emocional dos seus filhos. Não se sinta culpado por impor limites. Os limites estão presentes desde o nascimento e fazem parte da vida de qualquer pessoa. Tente impor limites antes de o comportamento acontecer ou, pelo menos, antes de ele se converter em um hábito. Imponha os limites com a mesma firmeza, calma e carinho com que dá um beijo em seus filhos. Ajudará a desenvolverem uma parte do cérebro que, como se verá em seguida, os ajudará a conseguirem atingir as suas metas e a serem felizes durante toda a vida.

12
Comunicação

"A maior influência na educação está na conversa que se tem em casa."

William Temple

Uma boa comunicação é a que faz com que duas pessoas estabeleçam uma ligação. No caso da comunicação entre pais e filhos, a boa comunicação ajuda a criança a interligar ideias, emoções e estilos de pensamento. Se você esperava encontrar técnicas complexas e exercícios para estimular o cérebro dos seus filhos, tenho todo o prazer em dizer-lhe que chegar à mente do seu filho é muito mais simples do que imagina. Todos os dias, nas cozinhas, quartos ou banheiros de milhões de lares de todo o planeta, os pais e as mães fazem o milagre de ajudar os filhos a estabelecerem conexões neuronais que desenvolvem a sua capacidade intelectual e emocional. Para o conseguirem utilizam uma ferramenta tão simples quanto eficaz: a comunicação.

Graças a inúmeros estudos sabemos que a comunicação entre pais e filhos é a principal via de desenvolvimento intelectual durante os primeiros anos de vida. A memória, a concentração, a abstração, o conhecimento do meio, a autorregulação e a própria linguagem precisam da comunicação para conseguir florescer. O cérebro da criança está programado para aprender e adquirir todas as capacidades intelectuais características do ser humano, mas sem o estímulo dos pais, sem a conversa, nunca chegará a desenvolver-se plenamente. Por exemplo, a capacidade de compreender e de emitir palavras é inata em qualquer pessoa e, no entanto, a criança não consegue desenvolvê-la por si própria. Precisa de ter o estímulo do adulto para poder adquirir essa ferramenta. Nem Cervantes nem Shakespeare teriam conseguido escrever as suas célebres obras se não tivessem aprendido a falar primeiro, com a ajuda do pai e da mãe deles. A inteligência é outra capacidade que se desenvolve principalmente graças às conversas entre pais e filhos. Se Einstein tivesse sido criado por um grupo de chimpanzés nunca teria conseguido aprender a falar e a sua capacidade ilimitada de raciocínio teria se perdido no limitado universo dos ramos e das bananas.

No decorrer do livro, você poderá ver exemplos de maneiras eficazes de comunicar; estilos comunicativos que estimulam a colaboração, promovem a confiança mútua, estimulam uma memória mais organizada ou ajudam a criança a desenvolver uma forma de pensamento positivo. Nos capítulos anteriores, você pôde ver como a comunicação empática ou aquela que reforça os comportamentos positivos e que impõe limites com carinho pode ser útil para que a criança interiorize as normas sociais e saiba acalmar o seu estado de espírito quando não consegue controlá-lo. Neste capítulo, vamos analisar uma técnica de comunicação muito concreta, que lhe vai permitir estabelecer uma ligação mais eficaz com o cérebro da criança. Se utilizar esta técnica tão simples, será mais fácil guiar o seu filho, porque a sua principal virtude é a de facilitar a colaboração da criança com o adulto.

Comunicação cooperativa

Imagine uma situação cotidiana que pode acontecer com o seu companheiro. A cozinha está totalmente desarrumada e é a sua vez de limpá-la. Porém, a preguiça o invade e, sinceramente, não lhe apetece nada começar a arrumar. Quero que leia os dois exemplos e indique em qual dos dois casos seria mais provável colaborar com aquilo que o seu companheiro lhe pede.

Exemplo A
"A cozinha parece uma pocilga. Estou há meia hora à espera de que você comece a limpá-la e você não faz nada. Está aí sentado vendo televisão. Vai já limpar a cozinha."

Exemplo B
"Querido, você já reparou que a cozinha está muito suja? Estou um pouco preocupada porque nem sequer temos pratos para jantar. Desligamos a televisão e vamos limpá-la? Podes ajudar-me?".

O primeiro exemplo reflete um estilo de comunicação inquisitivo. O segundo é um exemplo daquilo que eu chamo "comunicação cooperativa". A comunicação cooperativa ou colaborativa é um estilo de comunicação proveniente das investigações de Elaine Rees, Robyn Fivush e outros cientistas que estudam a comunicação entre pais e filhos. Este estilo de comunicação aumenta a probabilidade de a criança colaborar com o adulto em qualquer tarefa que este lhe propuser. Pode-se utilizar quando queremos que a criança se sente à mesa para jantar, arrume o quarto dos brinquedos ou, simplesmente, nos ouça com mais atenção quando lhe estamos explicando alguma coisa. É uma técnica de comunicação muito comum entre os profissionais que trabalham com pessoas portadoras de deficiência intelectual, entre os que trabalham com crianças com problemas de comportamento, déficit de atenção ou dificuldades cognitivas. O motivo pelo qual é tão comum é que, independentemente do estilo de comunicação que cada pessoa tiver desenvolvido ao longo da sua vida, sabemos que este estilo de comunicação pode ser ensinado por meio de algum treino. Muitos profissionais fazem-no, e foram elaborados estudos nos quais pelo treino de diferentes grupos de pais em técnicas semelhantes às que lhe vou ensinar se conseguiu melhorar a comunicação entre pais e filhos.

A comunicação cooperativa não é uma técnica infalível, existe sempre a possibilidade de a criança não querer colaborar, mas a verdade é que este estilo de comunicação promove em grande parte a colaboração da criança com o adulto. Porém, a sua principal virtude não tem a ver com o fato de a criança colaborar melhor, mas sim de fazer com que esta estabeleça uma ligação com o pensamento do adulto. Em seguida, pode-se ler uma breve descrição dos quatro pontos mais característicos dessa forma de comunicação.

Faça da tarefa um trabalho de equipe

A eficácia da comunicação cooperativa consiste em pedir a colaboração da criança e em fazer das tarefas um trabalho de equipe. Quando a criança se sente acompanhada, a tarefa parece mais agradável e simples do que quando tem de fazê-la sozinha. As amigas vão ao banheiro juntas, os rapazes preferem falar com as meninas em grupo e os pais associam-se nas escolas para obter melhorias na educação dos seus filhos. Todos estamos mais dispostos a iniciar uma tarefa que parece um pouco difícil se nos sentirmos acompanhados. Para a criança, "Tire a roupa" é muito mais difícil e solitário do que "Vamos tirar a roupa". É apenas uma forma de falar. Não tem de tirar a roupa dela, só apresentar a mensagem à criança de tal forma que o seu cérebro entenda que vai ser uma coisa fácil para ela.

Peça colaboração

A segunda vantagem da comunicação cooperativa é que, quando a criança percebe que o adulto lhe pede colaboração, a probabilidade de responder positivamente aumenta. A explicação desse fenômeno é muito simples. O ser humano é um ser social. Gosta de se sentir acompanhado e desfruta quando recebe e oferece a sua ajuda aos outros. Temos isso nos nossos genes. Alguns estudos demonstram que desde que temos um ano e meio de idade sentimos o impulso de ajudar aqueles que precisam. A criança dessa idade é capaz de aproximar os objetos aos quais a outra pessoa não pode chegar, e à medida que cresce tem tendência para consolar quem está triste e ajudar o outro sempre que possa ou que lhe peçam. Além disso, essa tendência é muito mais forte entre os membros da mesma família. O seu filho quer ajudá-lo, quer estar com você, e isso fará com que esteja mais propenso a ouvi-lo se você lhe pedir ou oferecer colaboração. Se quer que o seu filho guarde os brinquedos, em vez de lhe ordenar: "Arrume os teus brinquedos", pode tentar pedir-lhe: "Podes ajudar-me a guardá-los?".

Ajude-a a pensar

Às vezes as crianças têm dificuldade em colaborar simplesmente porque não estão pensando na mesma coisa que os seus pais. Talvez o pai ou a mãe vejam que a noite está prestes a chegar, que ainda não jantaram e que prometeram ler-lhes uma história muito especial. Nesse caso, podem começar a ficar nervosos e a pedir às crianças um pouco mais de pressa, quando elas estão perfeitamente felizes brincando durante a refeição. Nessas situações, centrar a atenção naquilo que o preocupa pode ser muito útil. Pode dizer-lhes coisas como: "Olhem, já é um pouco tarde e se não nos apressarmos não conseguiremos chegar à escola", "Olhe, o teu irmão está muito cansado porque não dormiu à tarde, por isso não brinque com ele agora porque ele começa a chorar por qualquer coisa." Também pode fazer perguntas à criança que lhe permitam pôr-se no seu lugar, por exemplo: "Como é que você acha que podemos resolver isto?", "Qual é a tua opinião?". Se você conseguir envolver a criança no curso dos seus pensamentos, ela entenderá melhor o que você sente e o que precisa dela e haverá uma maior probabilidade de ela colaborar com você.

Dê-lhe liberdade

Sei que muitos pais podem achar isto uma loucura, mas a verdade é que é mais provável que a criança faça o que lhe pedimos se lhe dermos um certo grau de liberdade do que se a mandarmos fazer as coisas. Qualquer um de nós gosta de sentir que pode escolher, e nos zangamos quando nos sentimos obrigados. Com as crianças acontece a mesma coisa. Colaboram melhor quando lhes proporcionamos liberdade. Parte do segredo está no fato de que, enquanto decidem o que querem fazer, não são capazes de se zangar e brigar com você, mas também colaboram melhor, já que proporcionar-lhes liberdade as ajuda a sentirem-se respeitadas e valorizadas. Em vez de dizer: "Você tem de pôr a roupa suja no cesto e de vestir o pijama", tente perguntar: "O que você prefere fazer primeiro: vestir o pijama ou pôr a roupa suja no cesto?". Assim, uma situação que normalmente é difícil para a criança converte-se em um momento positivo. Pode-se deixá-la escolher entre tomar primeiro a sopa ou comer o peixe, escovar os dentes com a pasta de crianças ou a de adultos, tomar banho na banheira ou no boxe, e muitas outras opções que farão com que o seu filho colabore melhor e aprenda, além disso, a tomar as suas próprias decisões.

Recapitulando

Diferentes estilos de comunicação podem proporcionar um melhor ou pior resultado no momento de conseguir que a criança colabore com o adulto. O estilo de comunicação mais eficaz é aquele que faz das tarefas um trabalho de equipe, que pede colaboração, que envolve a criança no pensamento do adulto e que lhe permite sentir que faz parte da tomada de decisões. A comunicação cooperativa não é um método infalível, mas, ainda assim, aumenta de forma significativa a probabilidade de a criança se pôr no lugar do adulto e de colaborar com ele.

Parte III
Inteligência emocional

13
Educar a inteligência emocional

> "Se as suas habilidades emocionais não estão desenvolvidas, se não é consciente de si próprio, se não é capaz de lidar com as suas emoções estressantes, se não tem empatia e afetividade nas suas relações, não importa o quão inteligente é, você não vai chegar muito longe."
>
> Daniel Goleman

Como você já pôde comprovar nos olhares, sorrisos, choros e birras, o cérebro da criança é algo muito mais terno e emotivo do que um computador. Realmente, o cérebro emocional tem um protagonismo indiscutível na criança, que se move pelo entusiasmo, a raiva, o desejo, o medo e, por isso, compreender as suas emoções, aprender a dialogar com elas e saber como se pode apoiar o seu desenvolvimento emocional é uma grande vantagem para os pais que saibam como fazê-lo.

A importância do cérebro emocional vai muito mais além do seu papel nos primeiros seis anos de vida e na relação, durante esse período, entre pais e filhos. Graças a várias investigações recentes, sabemos que o cérebro emocional tem um papel crucial na vida das pessoas adultas. Vamos tomar o seu caso como exemplo. Não o conheço absolutamente e, no entanto, não consigo imaginar um pai que não sinta emoções intensas quando o seu filho recém-nascido abre os olhos e o observa pela primeira vez, quando a sua pequenina mão envolve o dedo do pai ou da mãe, quando dá os primeiros passos ou quando adormece ao seu colo. Assim que um filho chega às nossas vidas, nós, pais, estamos expostos a um verdadeiro torvelinho de emoções. Nesses momentos importantes, o impacto das emoções é evidente, mas poucas pessoas conhecem a influência do seu cérebro emocional noutros aspectos da sua vida. O cérebro emocional está presente em todas as ações da vida quotidiana. Sempre que você compra um produto, de manhã quando escolhe um lugar no transporte público, quando decide se passa ou não um semáforo amarelo ou quando decide o que vai jantar, o seu cérebro o está deixando saber como se sente com cada uma das alternativas. Longe de amedrontar-se perante as decisões mais importantes, como escolher uma pessoa com quem partilhar a vida, elaborar um projeto na empresa ou decidir a compra de uma casa, o cérebro emocional cresce e tem uma grande influência, que, por vezes, não se pode travar no cérebro racional. Sabemos que as maiores decisões que tomamos na vida são aquelas que se baseiam na emoção e, só em uma pequena porcentagem, na razão. Nesse sentido, as emoções são como a matéria escura do Universo: com frequência não se podem ver, mas implicam 70% da energia cerebral.

Dr. Álvaro Bilbao

Se há uma ideia que durante as últimas décadas ultrapassou o âmbito da psicologia para se infiltrar nas nossas vidas, é a de que, para além de uma inteligência formal ou racional, todo o ser humano está dotado de uma inteligência emocional. Desde que Daniel Goleman publicou a sua famosa obra, *Inteligência emocional*, a popularidade do conceito e as suas aplicações não pararam de crescer. Segundo Goleman, tal como há uma inteligência racional que utilizamos para resolver problemas lógicos, há uma emotiva que nos ajuda a atingir as nossas metas e a sentirmo-nos bem conosco e com os outros. Como você já sabe, o cérebro humano tem um âmbito de processamento ao qual chamamos "cérebro emocional" e que se encarrega da faceta emotiva da pessoa. Uma das principais contribuições da inteligência emocional foi a de destacar os sentimentos e as emoções das pessoas. Agora, finalmente, sentir bem-estar é um sinal de inteligência tão importante como resolver um complexo problema matemático.

Depois de anos de investigação, sabemos que as pessoas com maior inteligência emocional não só são as mais felizes, mas também aquelas que tomam as decisões mais acertadas, que têm mais sucesso nos negócios e que são melhores líderes. Em qualquer âmbito da vida no qual seja necessário lidar com pessoas, a inteligência emocional proporciona uma vantagem a favor de quem a tiver mais desenvolvida. Para mim, é evidente; embora na minha casa valorizemos muito um desenvolvimento cerebral equilibrado, no que se refere à educação, eu e a minha mulher preferimos a faceta emocional. Não porque nos comova mais, simplesmente escolhemos dar prioridade ao desenvolvimento emocional dos nossos filhos, em parte porque os nossos valores nos convidam a pensar dessa forma, mas também porque, como neuropsicólogo, sei que qualquer cérebro intelectual se constrói sobre o cérebro emocional.

Agora que você já conhece a importância da inteligência emocional tanto no bem-estar da criança como na sua capacidade para se relacionar com outras pessoas e conseguir atingir as suas metas, estou convencido de que está desejoso de saber como pode apoiar o desenvolvimento do seu cérebro emocional. Fico contente por ver que tem essa inquietação. Nesta terceira parte do livro, vamos explorar juntos alguns elementos dessa inteligência e vou ensinar-lhe os princípios e as estratégias que vão lhe permitir alimentar o cérebro emocional da criança.

14
Vínculo

"A infância é o jardim em que vamos brincar quando formos velhos."

Anônimo

Quando nós, psicólogos, falamos de "vínculo", referimo-nos à relação que a criança estabelece com os pais e com o mundo que a rodeia. O mundo da criança é pequeno. Qualquer criança sabe que a mãe é a mais bonita, a melhor e a mais inteligente e que o pai é o mais forte e corajoso de todos os pais do mundo. Para a criança, os pais são o céu, a terra e o seu ponto de referência no Universo. Com base nisso, criam uma imagem de como é o mundo à sua volta. Se você teve pais afetuosos, achará que o mundo é um lugar bom e seguro. Se algum deles era excessivamente autoritário, duro ou exigente, é possível que sinta que tem pouca importância, que os seus problemas não são significativos ou que lhe custe sentir-se satisfeito consigo próprio e com os outros. Para muitos psicólogos, o vínculo que se estabelece entre pais e filhos é o segredo da autoestima. Quando uma criança se sente segura e incondicionalmente querida, cresce sentindo-se uma pessoa importante e que merece sentir-se bem. Ajudar o seu filho a ter uma boa autoestima é dar-lhe a possibilidade de uma vida feliz. Pense bem, o mundo está cheio de pessoas que têm tudo e que, no entanto, se sentem desgraçadas. Você pode ter um bom trabalho, amigos, um companheiro formidável, muito dinheiro ou uma família maravilhosa e, no entanto, se não se valorizar a si próprio, se não gostar de si próprio, nada do que tiver conseguido importará porque não o fará sentir-se realmente bem. Do meu ponto de vista, não há nada mais importante do que ajudar uma criança a sentir-se bem consigo mesma e por isso neste capítulo, dirigido à educação do cérebro emocional, vamos explorar os segredos de uma relação que lhe permita ajudar o seu filho a desenvolver uma autoestima elevada.

 Conhecemos a importância do vínculo graças às investigações de um psicólogo americano chamado Harry Harlow. Esse cientista chegou à Universidade de Wisconsin com o firme objetivo de analisar melhor os processos de aprendizagem durante a infância. Para isso decidiu estudar macacos, pois são muito mais parecidos com os seres humanos do que os clássicos ratos de laboratório. Como em qualquer experiência, uma das questões mais importantes é controlar todas as variáveis; por isso o doutor Harlow decidiu construir jaulas exatamente iguais, definir horários estritos de luz e escuridão, rações idênticas de comida e bebida e, para evitar influências incontroláveis das próprias mães, separou todos os bebés macacos das suas mães exatamente ao mesmo tempo. Embora Harlow só quisesse os bebês macacos para realizar diversas provas de aprendizagem, percebeu logo que havia alguma coisa que não estava correndo bem. Os macacos privados do contato materno começaram a apresentar problemas psicológicos graves. Um pouco mais de uma terça parte deles ficou em um canto da jaula e mostrou sintomas de apatia e tristeza. Outro terço desenvolveu comportamentos agressivos: atacavam os seus tratadores, outros macacos, e estavam ansiosos, mexendo-se constantemente dentro da jaula. Os outros simplesmente morreram de angústia ou tristeza. Esta descoberta foi tão importante que Harlow dedicou o resto da sua carreira a estudar a importância do afeto. Em um dos seus mais célebres estudos ofereceu aos macacos que não podiam ver a mãe um boneco de trapo com o qual passar a noite. Inacreditavelmente, esses macacos dormiam abraçados ao seu boneco de trapo e quase não tinham problemas psicológicos. A experiência seguinte foi ainda mais reveladora para verificar a força da necessidade de afeto. Todas as noites, Harlow oferecia aos macacos a possibilidade de dormirem em uma das duas jaulas: na primeira, um boneco feito de arame segurava uma mamadeira de leite quente; na segunda, só estava o *seu* boneco de trapo. Embora os macacos não tivessem comido nada há horas, todos os bebês escolhiam, dia após dia, renunciar ao alimento e passar a noite com a sua mãe de trapo.

Foram muitas as investigações que estudaram a importância do vínculo no desenvolvimento da criança.

Mas quando lhe descrevemos as experiências realizadas com macacos, tenho certeza de que você entendeu a importância crítica que tem a relação entre mãe e filho para um desenvolvimento saudável do cérebro emocional. Poderíamos dizer que a sensação de segurança que a criança tem ao estar nos braços do pai ou da mãe é o alicerce no qual se baseia todo o desenvolvimento emocional. Sem uma relação de confiança e segurança, a criança pode ter sérias dificuldades para se relacionar com os outros e com o mundo.

    A verdade é que, nesse sentido, o seu filho é um privilegiado. As gerações passadas não conheciam a importância do afeto no desenvolvimento emocional saudável. Quando os seus pais o criaram, não havia uma consciência tão clara em relação a essa questão, em parte porque quando o criaram a concepção era totalmente diferente. Quando os seus avós criaram os seus pais, a corrente mais comum na educação da criança defendia que os pais tinham a responsabilidade de fortalecer a personalidade dos filhos. Disciplina, mão dura e um pouco de carinho eram a receita para construir o caráter da criança. Muitos iam para colégios internos com poucos anos de idade e os pais, tão autoritários naquela altura, repreendiam as mães que se mostravam excessivamente afetuosas. Felizmente, os tempos mudaram e hoje sabemos muito sobre como pode ajudar os seus filhos a desenvolverem uma relação de confiança e segurança com o mundo.

O hormônio do amor

A verdadeira união de uma família não se cria pelos laços de sangue, mas sim pelo carinho e do respeito mútuo. Para a criança, o apego começa na barriga da mãe. Sabemos que desde o sexto mês de gravidez o feto reconhece a voz da mãe, embora seja no momento do parto que o bebê passa pelo seu primeiro momento de separação. Até então, ele estava unido à mãe e, portanto, não precisava sentir que existia. A verdade é que o momento do parto pode ser uma experiência muito diferente para o bebê e para a mãe. A mãe leu livros, assistiu a cursos, partilhou o seu entusiasmo com o companheiro e, sobretudo, está há meses à espera de conhecer o filho. Por sua vez, o bebê não faz ideia do que vai acontecer. Não espera ninguém nem tem esse entusiasmo, criado durante meses, de se encontrar com alguém especial. No entanto, os dois estão unidos por uma experiência comum: a sensação de união mais forte que podem sentir dois seres humanos. Esqueça o momento em que pensou que se a sua namorada o deixasse morreria ou em que sentiu que você e o seu companheiro eram um só porque incluiu em um CD todas as suas canções preferidas. Não há nada como a união entre o bebê e a mãe, e parte da magia do vínculo no momento do parto é da responsabilidade de um hormônio: a oxitocina, um hormônio que aparece durante o parto e que, entre outras coisas, permite à mulher suportar as dores quando dá à luz. O que você talvez não saiba é que também é o hormônio do amor e que durante o parto e as horas seguintes os níveis de oxitocina no seu cérebro e no do seu bebê atingem o seu pico. Isso permite que se crie uma sensação única de união entre o bebê e a mãe. Nos meses posteriores, mãe e filho vão compartilhar momentos de grande intimidade e contato físico, especialmente quando lhe dá de mamar, o segura nos seus braços, trocam olhares ou até quando as doces palavras da mãe parecem acariciar os ouvidos do bebê. Enquanto isso acontece, os pais podem construir o seu próprio vínculo com o filho ao mudar a fralda, ao vesti-lo e ao ter a responsabilidade de lhe dar banho todos os dias. O contato físico e os olhares que vão trocar irão consolidando e fortalecendo essa união que, se se cuidar adequadamente, durará para toda a vida.

Crie um meio seguro

O bebê sente-se seguro quando o seu cérebro sabe o que vai acontecer. As rotinas fazem com que ele se sinta calmo e seguro. Tentar seguir uns horários mais ou menos estáveis para vesti-lo, alimentá-lo, dar-lhe banho ou deitá-lo, vai ajudá-lo a ficar mais calmo, comer melhor ou adquirir hábitos de sono mais rapidamente. Ser constante com os espaços e, inclusive, com as palavras que usamos durante os primeiros meses para trocar-lhe a fralda, vesti-lo ou deitá-lo também o ajudará a sentir-se mais seguro. Não é preciso nem é recomendável ser rígido com as rotinas. Para a criança é tão importante saber que o meio à sua volta é seguro como aprender a ser flexível e a adaptar-se às mudanças. As rotinas calmas e flexíveis ajudam a criança a sentir-se mais sossegada e segura em diferentes situações; rotinas rígidas, pelo contrário, podem fazer com que o seu cérebro sinta-se inseguro perante qualquer mudança.

Encarregue-se de dar resposta às necessidades das crianças

Os estereótipos, as agências de viagens e os filmes de Hollywood convidam-nos a pensar que devemos levar as crianças de férias à Disneylândia ou enchê-las de caprichos para criar uma relação única com elas. Isso está muito longe da realidade. Juntamente com o contato físico, os cuidados mais básicos que as mães e os pais têm com os seus filhos são a principal forma de construir o afeto. Dar de mamar, preparar a comida, vestir, limpar, dar banho ou levar à escola ou ao pediatra; definitivamente, dar resposta às necessidades da criança é essencial para lhe proporcionar uma sensação de segurança e de amor. Embora possa parecer um pouco material, esses cuidados são fundamentais para a sobrevivência dela, já que a criança não pode satisfazê-los por si própria e, portanto, o seu cérebro identifica e sente carinho por aquelas pessoas que os proporcionam. Nesse sentido, é importante que tanto os pais como as mães cuidem pessoalmente de seus filhos, pois é por meio dos gestos mais simples de cuidado que a criança constrói uma relação de amor e segurança para com os pais e com o mundo que a rodeia.

Continue buscando o contato físico

Pouco a pouco o bebê fica maior. Cada vez mais é capaz de caminhar distâncias maiores sem pedir o seu apoio, é cada vez mais autônomo para comer e para dormir, inclusive passa algum tempo brincando com outras crianças sem prestar atenção em você. Você imagina o dia em que ele já não te dará um beijo? O dia em que sinta um tal desapego que não queira ir visitá-lo com os seus netos? É certo que você nem quer imaginar esta situação. Qualquer pai e qualquer mãe desejam ter uma relação especial para toda a vida com os seus filhos. Consegui-lo é tão simples como continuar a construir esse vínculo toda a vida. À medida que cresce, o cérebro da criança continua precisando da presença do pai ou da mãe em forma de oxitocina. Na verdade, todos precisamos estar perto dos outros para nos sentirmos seguros. Quem não gosta de um abraço? Pode fazer muitas coisas para não perder o contato físico e continuar a construir essa ligação que sempre sonhou ter com o seu filho. Sempre que pega o seu filho ao colo, lhe escova o cabelo, o abraça ou o leva à escola de mão dada, os seus cérebros geram oxitocina, o que faz com que estejam cada vez mais unidos. O fato de se ajudarem, de se apoiarem um ao outro, também gera oxitocina, mas não há nada como o contato físico para criar essa união e esse vínculo de confiança mútua, e uma das melhores formas de consegui-lo é brincando com eles. Deite-se no chão e permita que os seus filhos subam para cima de você, o apertem e o abracem. Invente brincadeiras nas quais, de uma maneira civilizada, se abracem, batam um no outro e se mordam; a brincadeira preferida dos meus filhos é a do *Abraçossaurus*, no qual o pai é um terrível dinossauro que só quer dar abraços às crianças. Sente-as no seu colo para ler muitas histórias e cultive a expressão do afeto dando-lhes um beijo e um abraço sempre que os deixar na escola ou sair de casa para ir trabalhar. Não se esqueça de que esses pequenos gestos são os tijolos que vão construir o palácio da vossa relação no futuro.

Crie conversas recíprocas

Todos os pais querem que os filhos partilhem com eles as suas experiências, inquietações e sonhos. Para isso perguntam ao filho tudo o que lhes aconteceu assim que a criança sai da escola. Aos 6 anos, já estará cansada de "informar" a mãe sobre tudo o que fez ou aconteceu ao longo do dia. Ninguém gosta de ser interrogado ou de sentir que é o único que partilha a sua intimidade. Uma estratégia mais eficaz do que "interrogar" o seu filho é a de procurar uma comunicação recíproca. Fazê-lo é realmente simples, só tem de partilhar as suas experiências, inquietações e sonhos. Ao buscar os seus filhos na escola, quando ele chegar em casa ou durante o jantar, você pode quebrar o gelo contando um episódio do seu dia. Não é preciso contar nada de especial, pode ser algo tão simples como "Hoje comi massa no trabalho" ou "Hoje de manhã vi um cão gigante quando ia para o trabalho, era deste tamanho". Se compartilhar com os seus filhos experiências extraordinárias, eles terão uma atitude recíproca. Se, para além de compartilhar a sua vida, você for capaz de entrar em seu mundo e de passar algum tempo falando sobre aquilo que realmente lhes interessa, como as personagens dos seus desenhos animados preferidos ou os nomes dos seus bonecos, o seu filho desfrutará realmente das conversas com você porque saberá que é uma relação equitativa e recíproca.

A ilha do desapego

No capítulo dedicado à empatia falamos da "ínsula", uma região cerebral escondida entre dois sulcos e que é essencial para o diálogo entre o cérebro racional e o emocional. Uma das principais tarefas da ínsula é entender e dar sentido às sensações desagradáveis, e ativa-se com rapidez perante estímulos olfativos ou gustativos repulsivos, como quando cheiramos ou provamos alguma coisa que não está em bom estado. Quando esta região se ativa sentimos nojo. Afastamos imediatamente a cabeça, franzimos o nariz para fechar as vias olfativas e pomos a língua para fora em uma tentativa de expulsar o desagrado da boca. O mais curioso da ínsula, e o motivo pelo qual a trouxe à baila, é que há alguns anos sabemos que esta região se ativa de forma semelhante quando a criança ou o adulto sentem falsidade ou injustiça. Parece sensato: a sensação de nojo que nos afasta daquilo que pode ser prejudicial para o nosso organismo é parecida com a sensação de desconfiança que nos afasta de quem nos pode magoar psicologicamente.

Qualquer pessoa sabe que mentir é uma má política. No entanto, muitos pais recorrem a pequenas mentiras para conseguir que os filhos adormeçam, terminem a refeição ou obedeçam. Podem ser velhos truques como o do bicho papão ou pequenas mentiras como dizer a um filho que a loja está fechada quando não nos apetece ir lá para comprar um boneco que lhe prometemos. Se você quer manter os seus filhos perto e ajudá-los a confiarem neles próprios e no mundo, tente cumprir a sua palavra ou evite utilizar a mentira para conseguir aquilo que quer. O cérebro não pode ficar perto de alguém que mente ou que não cumpre a sua palavra. Isso gera repulsa e desconfiança. Na relação de pais e filhos, faltar com a palavra ou mentir acabará por fazer com que a criança se afaste psicologicamente dos pais. Pelo contrário, os pais que não se escondem nas mentiras e que cumprem a sua palavra conseguem criar relações duradouras. Não é só isso, já que em alguns estudos ficou demonstrado que a probabilidade de uma criança obedecer é duas vezes maior quando a pessoa que lhe pede alguma coisa é alguém que a criança considera digna de confiança porque cumpre a sua palavra. Por isso, uma boa política para todos os pais e mães que querem criar uma relação única e duradoura com os filhos é simplesmente a de cumprir a palavra; devem esforçar-se por respeitar os seus acordos e fazer do cumprimento das promessas uma prioridade. Para seguir uma regra simples: não prometa nada que não possa cumprir e não deixe de cumprir aquilo que prometeu.

Faça com que seu filho se sinta uma pessoa importante

Geralmente, o dia a dia dos pais é totalmente chato. "Beba o leite todo", "Calce os sapatos", "Não bata no teu irmão", "Não tire os sapatos", "Desligue a televisão" etc. Provavelmente, qualquer relação na qual uma das partes passa o dia a dar ordens ou instruções à outra tem pouco futuro. Tenho a certeza de que você pensa que o seu filho é uma pessoa maravilhosa. Portanto, é importante que essa mensagem seja transmitida e esteja mais presente em suas conversas do que o fato de ele calçar ou não os sapatos. Por isso, vou dar-lhe uma máxima que qualquer pai pode seguir com os seus filhos.

> Que no fim do dia o número de comentários positivos que fez ao seu filho ultrapasse em muito o número de ordens, instruções ou comentários negativos.

Quando soube que ia ser pai perguntei-me como poderia desfrutar ao máximo da paternidade. Veio-me logo uma imagem à cabeça: a dos meus filhos recebendo-me na porta de casa com o grito de "Paaaai!!!". Cinco anos mais tarde, posso dizer com satisfação que o meu sonho se tornou realidade. Como consegui? Tento fazer com que cada um deles sinta que é uma pessoa realmente importante. Já sei que são e já sei que você sabe que os seus filhos também são, mas você faz com que realmente sintam isso? Para o conseguir, adoto uma fórmula muito simples. Olho para eles como se fossem um verdadeiro tesouro. Sorrio-lhes. Passo todo o tempo que posso com eles. Incluo-os nos meus planos para que saibam que é um privilégio estar com eles. Tento fazer com que eles percebam isso e digo-lhes que adoro a forma como são. E a minha arma secreta: sempre que entro em casa jogo o casaco no chão, ajoelho-me e grito os seus nomes efusivamente. Assim eles correm para me cumprimentar e devolvem-me o mesmo carinho que eu lhes dou. Não espere que os seus filhos o adorem se você não os faz sentir que eles são especiais todos os dias das suas vidas. O segredo de ter a relação com que sempre sonhou com os seus filhos é apenas construí-la dia a dia com eles.

Recapitulando

É necessário ter um vínculo positivo e seguro para o desenvolvimento cerebral da criança. A confiança em si própria e no mundo em que vive constitui a base de uma boa inteligência emocional. Para conseguir isso, abrace-a e beije-a com frequência, passe tempo de qualidade com ela e conversem de forma recíproca, evitando trair a sua confiança e fazendo-a sentir-se uma pessoa importante e excepcional.

15
Confiança

> "O meu pai deu-me o melhor presente que se pode oferecer a um filho. Acreditou em mim."
>
> Jim Valvano

Provavelmente, um dos maiores presentes que você pode dar ao seu filho é a confiança. Não há nada que faça uma pessoa chegar mais longe do que sentir-se capaz de conseguir aquilo que propõe a si própria. Como dizia Roosevelt: "Acredite que consegue e terá percorrido metade do caminho." No capítulo anterior, vimos como um bom vínculo pode ajudar a criança a desenvolver amor por si própria. A outra face da autoestima está na confiança. É difícil construir uma boa autoestima se não se complementa com uma boa dose de confiança.

A criança que cresce com confiança consegue ser um adulto que se sente bem consigo próprio e com os outros, que está seguro das decisões que toma, que pode rir-se às gargalhadas e que sente força interior porque sabe que pode atingir qualquer meta que propuser a si próprio. Tenho a certeza de que não há uma mãe, um pai ou um professor que não queira que os seus filhos ou alunos desenvolvam uma grande confiança neles próprios e se sintam capazes de concretizar os seus sonhos. Contudo, como é possível comprovar, às vezes são os próprios educadores que semeiam a dúvida no cérebro da criança. Neste capítulo, vamos deter-nos nas atitudes que fortalecem a confiança da criança e naquelas que se interpõem no seu desenvolvimento pleno.

Sabemos que a confiança tem um componente genético. Há um gene no cromossomo 17 que predispõe cada um de nós a ter um maior ou menor grau de confiança. Há crianças arrojadas e há outras tímidas. Há crianças que, com apenas 3 anos, são capazes de pedir a um familiar distante que lhes dê um gole de Coca-Cola, e outras que com 5 se escondem do seu tio preferido. Há aquelas que são capazes de dizer "não" com energia, e as que não expressam as suas opiniões, e há também aquelas que com 5 anos organizam a equipe de futebol e as que não se atrevem a levantar a mão para serem escolhidas. No entanto, há um fato surpreendente. Qualquer criança ganha confiança quando as condições são propícias a isso. Quando desaparece aquela que organizava a equipe de futebol, há sempre outra que ocupa o seu lugar. Quando o irmão mais velho não está presente, o mais novo torna-se mais decidido e responsável. Da mesma forma, quando a mãe se ausenta ou os colegas da sua idade desaparecem e aparecem os mais novos, todas as crianças ganham segurança. Isso indica-nos que as crianças têm a capacidade de ter um elevado grau de confiança em si próprias. Só precisam de condições propícias e de sentirem responsabilidade e confiança de todos aqueles que estão à sua volta.

Privar a criança da sua confiança

Não preciso dizer que você não tem obrigação de levar seu filho ao jardim da infância e de fato há muitos pais que não levam. Devo dizer também que, de acordo com meus conhecimentos, não há estatística que fale do número de crianças que não superam o primeiro dia de jardim da infância. Se foi necessário levá-la à escola, o ideal é poder acompanhar a criança no primeiro dia ou em uma visita para que ela explore a sala de aula por um momento na sua presença enquanto você conversa com os professores (e sem que ela perceba de que está atento a tudo o que ela faz; a criança deve sentir que confiamos tanto que sequer prestamos atenção nela porque ela está em um lugar seguro). Nem todas as escolas infantis realizam uma adaptação com tantas garantias, e digo que esta estratégia não garante uma boa adaptação. Hoje em dia, todas as escolas tomam cuidado em fazer a adaptação de forma progressiva, limitando a primeira separação a uma ou duas horas. Uma após outra, todas as crianças se adaptam de maneira progressiva e segura ao novo ambiente. Algo que as ajuda a sentir seus pais tranquilos e, claro, não ver as expressões de terror ou lágrimas em seus rostos. A verdade é que essa primeira separação é um problema para quase todos os pais (e especialmente para quase todas as crianças).

Porém, uma atitude de calma, de confiança ao deixá-las e um largo sorriso e alguns braços abertos ao pegá-las ajuda muito a criança a adaptar-se à nova situação o mais rápido possível. Sem dúvida, uma das coisas que mais prejudicam a confiança da criança é o excesso de zelo ou proteção. Sei que pode ser difícil não intervir quando vemos que o nosso filho vai tropeçar ou quando sentimos que vai enfrentar uma situação que podia correr melhor com um pouco de ajuda. No entanto, é aqui que o cérebro dela mais precisa da nossa confiança. Quando uma criança enfrenta um desafio, uma situação que pode não correr bem, o seu cérebro adquire um estado de confronto.

Há dois grandes protagonistas no cérebro no que se refere à confiança. Em primeiro lugar, temos a "amígdala". Essa estrutura é uma das partes mais importantes do cérebro emocional. Funciona como um alarme que se ativa sempre que o cérebro detecta uma situação perigosa. Em segundo lugar, o lobo frontal no cérebro racional tem uma função de controle, proporcionando à criança a possibilidade de dominar o medo e de continuar em frente. Se se lembrar do capítulo dos limites, vai poder compreender que de alguma forma o lobo frontal é capaz de impor limites ao medo. Nesse sentido, sempre que há uma situação que implique algum perigo, essas duas partes travam uma luta para ver qual tem mais força. Se ganhar a amígdala, a criança se sentirá assustada. Se vencer o lobo frontal, ela dominará o medo.

Amígdala
- Detectar ameaças
- Ativar sinal de alerta
- Sentir medo
- Memória do medo

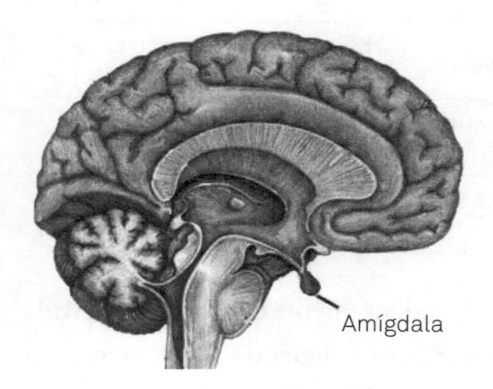

Amígdala

Imaginemos que uma criança que começou a andar há poucos meses se esforça para subir no banco de um parque. Nesse cenário, há três alternativas possíveis: 1. que o pai não intervenha, 2. que intervenha com calma, e 3. que o faça assustado. Se o pai e a mãe estão calmos, o cérebro da criança se manterá alerta, embora ela tropece ou sinta uma certa ansiedade. Se os pais intervêm, estarão retirando o papel protagonista à determinação da criança. O seu cérebro emocional não vai sentir-se calmo porque não é a própria criança quem o controla, pois aprenderá que precisa do pai ou da mãe para se sentir bem. Se a mãe der um grito, o pai correr para ela ou a criança detectar uma expressão de pavor na cara dos pais, o seu cérebro libertará o sinal de alarme. Nesse caso, a amígdala se ativará e a criança sentirá imediatamente pavor.

O cérebro da criança explicado aos pais

Tenho medo, mas o controlo.	O meu cérebro sabe que pode controlar o medo.
Tenho medo, mas não o controlo. Meus pais me ajudam sempre.	Somente meus pais podem controlar o meu medo.
Tenho medo e os meus pais têm pânico.	Devo sentir medo porque o mundo é perigoso.

Nesse sentido, independentemente do ponto de partida de cada criança, a sua confiança depende diretamente da confiança que os seus pais depositem nela. Se os pais passam o dia inteiro preocupados com a sua saúde, segurança ou bem-estar, o cérebro da criança só pode entender duas coisas: que o mundo é perigoso e que ela não é totalmente capaz de enfrentar a vida por si própria. Perante qualquer desafio ou novidade, a criança sentirá na sua amígdala um sinal de alarme que a fará reagir com medo, procurando fugir do desafio e esconder-se debaixo das saias da mãe. No entanto, as crianças em que os pais depositaram mais confiança serão capazes de ativar os circuitos de confronto e de mantê-los firmes até diante da incerteza.

Costumo proporcionar aos pais uma fórmula que lhes permite relembrar a importância de confiar na criança no momento de desenvolverem a sua própria confiança.

$$CC = (CPnC)^2$$

A confiança da criança é igual à confiança dos pais na criança elevada ao quadrado.

Uma antiga história de confiança relata como dois irmãos de 7 e 5 anos de idade ficaram presos em um incêndio em um momento em que a mãe, de forma irresponsável, tinha se ausentado de casa. Eles só se deram conta do perigo quando as chamas chegaram à porta do seu quarto. De alguma forma, conseguiram abrir a janela, desenganchar a pesada escada de emergência e descer por ela até a rua em segurança. Quando os vizinhos e curiosos perguntaram como duas crianças tão pequenas tinham conseguido realizar tal proeza, o chefe dos bombeiros não teve dúvidas quanto à sua resposta: "Conseguiram-no porque não havia nenhum adulto que lhes dissesse que não seriam capazes de fazê-lo sozinhas."

Sei que às vezes é difícil agir com confiança. Do ponto de vista de um pai e, com mais frequência, do ponto de vista de uma mãe, a criança é um ser dependente que precisa de proteção. No meu caso particular, é a parte mais difícil do meu trabalho como pai. Sempre que tenho dúvidas em relação a isso, recorro ao primeiro princípio (Capítulo 2, "O seu filho é como uma árvore") e espero para ver o que acontece. No início do verão passado, dei-me conta de que os meus filhos mais velhos tinham perdido a confiança em si próprios, especialmente quando estavam no parque rodeados de outras crianças. Eu e a minha mulher falamos sobre isso e refleti sobre o assunto durante alguns dias. Não parava de me lembrar do princípio de que toda a criança é como uma árvore destinada a desenvolver-se plenamente, e em seguida acabei por compreender que aquilo de que precisavam era de um pouco mais de confiança da nossa parte. Falei logo sobre isso com a minha mulher e, embora ela tenha se despojado de todo o seu instinto de proteção e eu tenha receado dormir no sofá durante o resto da semana, fizemos uma pequena experiência no parque. O mais habitual em nós teria sido nos aproximarmos deles várias vezes para lhes vestir e tirar o agasalho, para lhes pedir que não subissem a certos lugares ou para brincar com elas. Nesse dia, decidimos passar a tarde no parque sem lhes fazer qualquer comentário. Foi maravilhoso! As crianças andaram de um lado para outro, pediram o agasalho quando tiveram frio e água quando tiveram sede, atreveram-se a subir onde normalmente não conseguiam por terem medo de o fazer e criaram um grupo de amigos de todas as idades com os quais correram e brincaram. Desfrutaram realmente com outras crianças como não os via fazer há algum tempo. Consegui verificar várias vezes que confiar na criança, estar quieto e observar me proporciona um espetáculo maravilhoso no qual a criança, na maior parte das vezes, se desembaraça com total confiança. Nesse verão, aprendemos uma lição muito importante: no que se refere à confiança, menos é mais. A seguir, você verá uma tabela com algumas das situações nas quais é melhor deixar o seu filho agir livremente e nas quais a intervenção dos pais é necessária.

Situações nas quais não convém proteger a criança	Situações nas quais devemos proteger a criança
• Quando está brincando sozinha e entretida. • Quando está brincando com outras crianças. • Quando está interagindo com outros adultos. • Quando tomou uma decisão sobre alguma coisa (mesmo que se possa melhorar). • Risco de pequena pancada ou queda. • Risco de arranhão ou susto. • Discussões leves com irmãos ou colegas.	• Perigo de lesão ou acidente. • Perigo de morte. • Perigo de intoxicação. • Comportamentos com agressão física. • Situações de abuso.

Transmita mensagens positivas

Outra boa estratégia para criar confiança na criança é transmitindo-lhe mensagens positivas. Como já vimos na parte de ferramentas, as mensagens negativas ("Você é preguiçoso", "Você está errado") não ajudam a criança a fazer as coisas melhor e, pelo contrário, podem provocar ansiedade ou criar problemas na sua autoestima. Utilize o reforço; transmita ao seu filho mensagens positivas quando ele se superar. Seja quando estiver fazendo algo muito difícil, muito concentrado, esforçando-se, mostrando a sua coragem ou simplesmente quando tiver conseguido fazer alguma coisa que não conseguiu fazer no verão anterior. Transmitir-lhe mensagens como

O cérebro da criança explicado aos pais

"Você foi muito corajoso", "Você estava muito concentrado! Muito bem!", vão ajudá-lo a confiar em si próprio. Nesse sentido, é importante que saiba que, mais do que premiar o resultado, deve reconhecer a atitude da criança. Sabemos que quando reconhecemos o resultado de uma criança (por exemplo, "Você montou muito bem este quebra-cabeça"), os neurônios que se encarregam de conseguir recompensas procurarão outras tarefas que ela possa realizar bem, porque aprenderam que a recompensa aparece quando a tarefa é bem realizada. Assim, quando o resultado não é o que esperava, a criança tem tendência para evitar tarefas complexas ou que tenham um certo risco de fracasso, e fica desanimada de forma desproporcional, chegando até a evitar tarefas difíceis a todo o custo. Contudo, quando são reconhecidas à criança outras variáveis mais interessantes do ponto de vista daquilo que está acontecendo no seu cérebro, por exemplo, o quão concentrada esteve, o quão hábil foi ao resolver um problema, como desfrutou ao fazê-lo ou o esforço que dedicou à tarefa, a criança vai procurar tarefas que sejam um pouco mais difíceis e que lhe permitam continuar a esforçar-se, superando-se e desfrutando da sua capacidade de pensar, de concentrar-se e de resolver tarefas. Até final da década de 1970, pensava-se que a melhor forma de motivar a criança era apenas elogiar o seu esforço. São muitos os estudos que tentaram encontrar a frase ou a mensagem mais eficaz para potenciar a motivação e a confiança da criança. Hoje em dia, sabemos que não há uma fórmula perfeita, porque em cada momento cada criança utiliza um tipo de capacidade para conseguir aquilo que quer. O segredo está em destacar a capacidade que a criança pôs em prática em cada momento e em apoiá-la quando utiliza ferramentas que normalmente não costuma utilizar. Para o conseguir, você deve apenas estar atento enquanto ela desempenha as tarefas e fazer perguntas simples a si próprio. Como conseguiu abrir aquela caixinha? Foi perseverança? Talento? Como esteve enquanto fazia esse desenho? Mostrou-se atenta aos detalhes? Concentrada? Controlou-se para que o desenho não saísse da linha? Desfrutou? Na verdade, não é preciso insistir muito no reforço nem fazer grandes espalhafatos, porque o cérebro dela já sabe como é que o fez e já sente satisfação por ter conseguido o que queria. Provavelmente, basta não premiar apenas o resultado, mas também valorizar o seu esforço, concentração ou perseverança quando assim o demonstrar.

Responsabilidade

A responsabilidade é uma parte inevitável da existência. Por mais que a vida possa parecer-nos algo bonito e de grande valor, a natureza também nos ensina que ela tem um lado mais duro e feroz, o da luta pela própria subsistência. Não há ser vivo que não tenha de lutar ou de procurar o seu próprio alimento ou abrigo para sobreviver. Deparo-me com frequência no consultório com pessoas adultas que vivem as pequenas responsabilidades do dia a dia com sofrimento.

O cérebro da criança explicado aos pais

Trabalhar, preparar a comida, pagar as faturas ou cuidar dos filhos é para elas demasiado duro. Nesses casos, pergunto-me até que ponto essas pessoas foram educadas tendo em conta a responsabilidade que implicam as grandes e pequenas tarefas da vida. Para muitas pessoas, a palavra "responsabilidade" significa crueldade. Às vezes, perguntam-me nas minhas conferências se não é demasiado duro que uma criança de 2 anos tenha responsabilidades. Sinceramente, acho que não é. Do meu ponto de vista, a responsabilidade não é nada além de ocupar-se de si próprio, e educar tendo em conta que a responsabilidade é uma magnífica oportunidade para ensinar as crianças a cuidarem de si próprias e a adquirirem alguma autonomia.

A responsabilidade é uma excelente maneira de desenvolver a confiança da criança. Qualquer criança pode ser responsável por muitas tarefas que dizem respeito à sua educação e cuidado. Quanto mais cedo começar a se responsabilizar por elas, menos duro lhe parecerá desempenhá-las e mais confiança terá nas suas próprias capacidades. O mais interessante é que as crianças adoram ter responsabilidades. Para elas é uma oportunidade de descobrir coisas novas e de aprender a dominar o seu meio. Você pode começar a partir do momento em que a criança dá os primeiros passos. Tal como fazem na escola, as crianças podem – e, do meu ponto de vista, devem – ajudar a guardar os brinquedos e também podem jogar a sua fralda no lixo: como vivo muito perto da creche, os meus três filhos sempre foram andando para a escola desde que tinham 1 ano. Os três minutos que demoro para atravessar as duas ruas que nos separam da escola transformavam-se em 15 ou 20 a passo de bebê. Até hoje, nenhum se queixou, em parte porque com 12 ou 13 meses as crianças não sabem falar, mas também porque desfrutam do seu passeio matinal. Quando chegam à sala de aula, são sempre os primeiros a entrar; ajudei-os, transmiti-lhes valores e acompanhei-os de mão dada, mas sempre foram eles que entraram em sua sala de aula, simplesmente porque não cabe a mim colocá-los lá, já que são eles que o devem fazer. Esses são apenas alguns exemplos para que veja que a responsabilidade é algo que se pode introduzir com pequenos gestos desde que os nossos filhos são bem pequenos. À medida que crescem, podemos ensinar-lhes a pôr a roupa suja no cesto, a recolher a sua caneca quando acabam de tomar o café da manhã ou a limpar aquilo que sujam – por exemplo, o leite que foi derramado em cima da mesa. Não é nenhum castigo se tratar com toda a naturalidade o fato de eles próprios se responsabilizarem pelas suas coisas à medida que o possam ir fazendo – sozinhos ou com um pouco de ajuda. Em cada idade há uma série de tarefas que a criança pode assumir e que a ajudam a sentir confiança em si própria, ao mesmo tempo que aprende a contribuir para as tarefas domésticas. Posso garantir-lhe que elas vão adorar assumir as suas próprias tarefas e vão crescer sentindo-se satisfeitas e capazes de cuidarem de si próprias.

Valide os seus sentimentos e decisões

Já vimos a importância da empatia para a criança entender que todos os seus sentimentos são importantes e de grande valor. Saber que podemos estar zangados, contentes ou desanimados em diferentes situações – respeitando sempre os direitos dos outros – é uma boa fonte de confiança em nós próprios. Outra área importante no desenvolvimento da confiança, na qual às vezes os pais escorregam, é a tomada de decisões. É habitual que os pais e as mães se esforcem por ajudar os filhos a tomarem melhores decisões. Um exemplo comum pode ser o seguinte: "Paula, o que você quer para o seu aniversário?", "Pastilhas de morango, mãe", "Mas, Paula, isso é muito pouco, você pode pedir uma coisa maior!". Diferentes versões dessa simples conversa repetem-se todos os anos perto das datas mais celebradas, e o resultado costuma ser o mesmo. A criança, que estava entusiasmada com as pastilhas, acaba por pedir uma boneca que não tem assim tanta vontade de ganhar.

Muitas pessoas sentem-se inseguras no momento de tomar decisões. Não sabem que roupa vestir, mostram-se indecisas em relação ao que devem pedir em um restaurante, não sabem bem se devem dizer isto ou aquilo, e acabam por se converter em autênticas jardineiras do seu jardim particular de dúvidas, indecisões e dilemas. Uma parte do seu cérebro sabe bem o que quer, mas há outra que cria dúvidas. Nesse sentido, o cérebro é como uma discussão entre o cérebro racional e o emocional. A dúvida quase nunca parte do lado da emoção, pois costuma ser um componente que aparece a partir da razão. Na verdade, sabemos que a imensa maioria das decisões – quer seja pedir um prato em um restaurante, escolher um companheiro ou comprar uma casa – é tomada pelo cérebro emocional; na maior parte dos casos, o cérebro racional só se encarrega de justificá-las ou de apresentar uma razão lógica para explicar a decisão que tomamos de uma maneira visceral. De fato, está comprovado que as decisões mais acertadas costumam ter origem no cérebro emocional, mais do que no racional. Também está comprovado que as pessoas que ponderam as alternativas de um ponto de vista mais racional costumam ser mais inseguras e tomam piores decisões. Por tudo isso, e embora possa parecer o contrário, uma boa forma de ajudar o seu filho a tomar decisões melhores é deixá-lo decidir, permitir-lhe tomar decisões guiando-se pelos seus instintos e esperar que ele aprenda com os erros. É evidente que ele vai se enganar, quem não se engana? Longe de prevenir cada um dos seus erros, a melhor estratégia consiste em ensiná-lo a confiar em si próprio e em ajudá-lo a aprender as lições positivas e negativas dos erros.

Recapitulando

A confiança é um dos melhores presentes que podemos oferecer aos nossos filhos. Uma criança que cresce sentindo a confiança dos pais em si própria será um adulto que se sente capaz de atingir as suas metas e aspirações. Evite proteger demasiado a criança, confie nela e na sua capacidade para se desenvolver plenamente.

Proporcione-lhe responsabilidades e apoie-a tanto nas suas emoções como nas suas decisões. Não se esqueça de que, quando quiser motivar a sua confiança, a estratégia mais inteligente é evitar valorizar apenas os seus resultados e reconhecer, pelo contrário, o seu esforço, a sua concentração ou a satisfação no momento de enfrentar uma situação difícil.

16
Crescer sem medos

"A ciência moderna ainda não produziu um medicamento tranquilizador tão eficaz como o são umas poucas palavras bondosas."

Sigmund Freud

Uma parte essencial do desenvolvimento da inteligência emocional é sermos capazes de ultrapassar os nossos próprios medos. Tal como todas as pessoas, durante a infância o seu filho vai viver algumas experiências que podem provocar-lhe medo. A mordida de um cão, o empurrão de um amiguinho ou uma simples queda de uma certa altura podem ser experiências que causem um impacto profundo no seu cérebro e que gerem um medo desproporcional quando enfrentarem situações semelhantes. Saber lidar com essas situações vai permitir-lhe ajudar o seu filho a ultrapassar o medo durante a infância, mas o mais importante é que você pode contribuir para que ele viva uma vida livre de medos, pois a maneira como a criança aprende a encarar os medos quando é pequena vai condicionar a sua forma de fazê-lo quando for adulta.

Muitos pais e mães não sabem o que fazer quando uma criança vive uma experiência traumática. Alguns ficam nervosos e gritam com a criança, provocando um maior nível de alarme no cérebro e conseguindo apenas que o trauma seja maior. Noutros casos, a resposta natural do pai ou da mãe é pedir à criança que se acalme e não lhe dar muita importância. Embora não acredite, esta atitude pode ser tão prejudicial como a anterior. É evidente que não dar importância ao assunto quando a criança tropeçou ou levou um susto vai aliviar a carga emocional e a criança vai poder ficar mais calma. No entanto, quando o susto for maior e o cérebro da criança não conseguir ultrapassar a situação por si próprio, o medo pode criar raízes no seu interior. A seguir, vou descrever-lhe duas estratégias muito simples para ajudar o seu filho a superar esses traumas, mas, sobretudo, para ensiná-lo a enfrentar com sucesso qualquer medo que surgir na sua vida.

Ajude seu filho a assimilar experiências traumáticas

Se você não se esqueceu do que lhe ensinei no capítulo do ABC do cérebro para pais, deve lembrar-se que existem dois hemisférios. O esquerdo, mais racional, e o direito, mais intuitivo. É precisamente no hemisfério direito que ficam gravadas as cenas traumáticas. Se é capaz de se lembrar de alguma experiência traumática da sua vida, poderá verificar que recorda algumas dessas cenas em forma de imagens. Os militares que regressam da guerra têm *flashbacks* dos ataques, que não são mais do que clarões de imagens que o cérebro não conseguiu processar. Na maioria dos casos, os medos crescem nessa parte direita do cérebro e vivem nesse hemisfério mais intuitivo e visual em forma de imagens e sensações. Quando a experiência traumática é pequena, a criança é capaz de entendê-la por si própria. Por exemplo, consegue entender que um bonequinho quebrou porque caiu no chão. Contudo, se o susto for maior, a criança pode não ser capaz de processar essa experiência e então aparece aquilo que conhecemos como "medo irracional". Como exemplo, imaginemos que um cão começa a latir para o seu filho. Embora o dono seja capaz de pará-lo a tempo, o cérebro do seu filho tem duas impressões muito claras. Em primeiro lugar, a imagem do cão a atacá-lo e, em segundo lugar, a sensação de pânico. As impressões são tão fortes que, se não fizermos nada para evitar isso, podem ficar gravadas no seu cérebro para sempre e a criança pode desenvolver um medo irracional de cães. Você consegue diminuir essas impressões e anular essas imagens traumáticas do seu cérebro. Só tem de ajudar o seu filho a falar sobre o que viu e o que sentiu. Quando uma pessoa assustada fala e descreve o que aconteceu, o seu hemisfério esquerdo (o que se encarrega de falar) começa a comunicar-se com o hemisfério direito. Dessa forma tão simples estará a permitir que a parte verbal e lógica do seu cérebro ajude a parte visual e emotiva a superar a experiência. Chamamos a este processo "assimilar a experiência traumática". A criança se lembrará do acontecimento, mas já não o viverá com a mesma angústia. Ela o terá assimilado com normalidade como uma experiência desagradável do seu passado. Na ilustração seguinte você pode ver uma representação do funcionamento do processo.

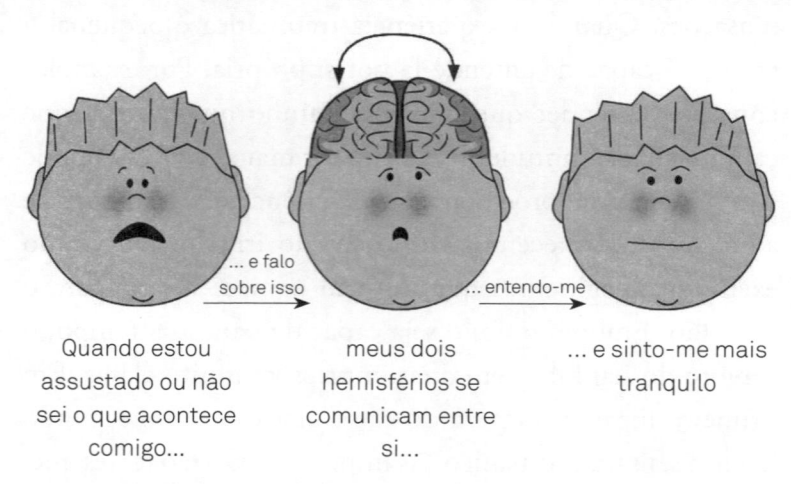

| Quando estou assustado ou não sei o que acontece comigo... | ... e falo sobre isso → meus dois hemisférios se comunicam entre si... | ... entendo-me → ... e sinto-me mais tranquilo |

Falar com um filho sobre uma situação traumática requer calma – você pode estar tão assustado quanto ele –, paciência – pode demorar algum tempo a acalmar-se –, um pouco de fé – já que esse processo pode ir contra a sua primeira reação, a de acalmar a criança –, e uma elevada dose de empatia – tal como vimos na parte de ferramentas. É natural que a sua primeira reação seja diminuir a importância do fato. Afinal de contas, se conseguir convencer a criança de que não está assustada, você também ficará mais calmo. No entanto, o que é essencial não é convencer nenhum dos dois de que o susto não teve qualquer importância, pois é o seu cérebro que tem de ser convencido disso. Imaginemos um exemplo: a pequena Clara sai da escola ao chorar. Uma criança mais velha tirou-lhe o seu brinquedo e jogou-a ao chão. Como é evidente, é preciso falar com a escola para que isto não volte a acontecer, entretanto, o que fazemos com o susto da Clara? A seguir vamos ver duas abordagens bem diferentes.

Não dar importância	Ajudá-la a assimilá-lo
M: Por que está chorando, Clara?	M: Por que está chorando, Clara?
C: Um menino mais velho me bateu.	C: Um menino mais velho me bateu.
M: Pronto, mas está tudo bem...	M: E você ficou muito assustada?
C: Jogou-me ao chão.	C: Sim.
M: Deixa estar. Isso passa.	M: Claro, porque era mais velho do que você...
C: (Continua a chorar).	C: (Continua a chorar).
M: Tenha calma.	M: E o que ele te fez?
C: (Continua a chorar).	C: Jogou-me no chão.
M: Clara! Você já é uma menina crescida!	M: Com muita força?
C: (Soluça).	C: (Enxuga as lágrimas). Sim. Assim, com a mão.
M: Você é muito corajosa! E os corajosos não choram.	M: Empurrou você com a mão e com muita força?
C: (Cala-se e olha para o chão).	C: Sim. (Já não chora).
M: Muito bem! Você já viu como é crescida? Vá, vamos para casa e eu faço uma vitamina para você.	M: Claro, não é de estranhar que você esteja assustada. Eu também estaria. E estava com um ar zangado?
	C: Sim. Tem um ar zangado. É muito mau.
	M: Sim, te deu um grande susto, não foi?
	C: Sim.
	M: Estou vendo que você já está melhor. Vou falar com o teu professor para que esse menino não volte a bater em você.
	C: Vou brincar.

O cérebro da criança explicado aos pais

O primeiro exemplo é a típica conversa que podemos observar entre mães e filhos em qualquer parque. A mãe não dá importância ao assunto e tenta destacar a coragem da menina para convencê-la a acalmar-se. No segundo exemplo, a mãe conversa durante algum tempo sobre aspectos específicos da cena e analisa as imagens e as sensações que estão cativas no seu hemisfério direito. Pergunta-lhe por aquilo que a criança lhe fez exatamente, param para ver o seu tamanho, bem como a expressão que tinha o rosto da criança. Em diferentes momentos, também insiste no quão assustada se sentiu a menina. Nas respostas dela observa-se que, pouco a pouco, vai se sentindo mais calma. Como se pode ver, a segunda técnica requer um pouco mais de tempo e de conversa do que o estilo tradicional, mas é sem dúvida a forma mais segura de o cérebro se sentir seguro e calmo.

Analisemos outro exemplo. Antonio viu uma cena de um filme de terror na casa do seu tio João. Nessa cena, uma pessoa é perseguida por um morto-vivo que estica os braços para apanhá-la. Nessa noite, quando o Antonio volta para casa, o tio João comenta que a criança ficou muito assustada. Garante que tentou acalmá-la, mas que a criança estava com muito medo. Nessa noite, os pais decidem falar com o filho antes de irem para a cama. Vejamos a diferença entre a forma de agir do tio e a de um pai que sabe como ajudar o filho a assimilar uma experiência traumática.

Tio João	Pai
A: (Chorando).	P: O tio João disse-me que você se assustou.
TJ: Vá, Antonio. Não te assustes.	
A: (Continua chorando).	A: Sim. Havia um morto-vivo.
TJ: Não vês que o morto-vivo não é verdadeiro?	P: Você ficou com muito medo?
	A: Sim. (Começa a chorar).
A: (Continua chorando).	P: Claro, os mortos-vivos dão muito medo.
TJ: Ele não te faz nada!	A: Sim.
A: (Antonio põe a cabeça debaixo da almofada).	P: E você estava com medo de quê?
	A: (Soluçando). Ia pegar um homem.
TJ: Olha, Antonio. O morto-vivo é muito tolo e não faz nada.	P: O quê?! Claro que você tinha que sentir muito medo...
	A: Sim, ia pegá-lo.
A: (Não levanta a cabeça e continua a chorar).	P: E o que você fez?
	A: Fechei os olhos. (Não chora mais).
TJ: Olha, sou o morto-vivo! Buuuuu!	P: Claro, não queria vê-lo...
	A: Sim, porque tinha muito medo.
A: Não quero olhar!	P: E como é que ele era?
TJ: Estou brincando!	A: Tinha sangue e esticava os braços assim.
A: Não acho graça nisso! Quero ir com a minha mãe!	P: E o que mais?
TJ: Está bem, vamos com a tua mãe, mas só quando você se acalmar. Caso contrário, ela vai se assustar.	A: E abria a boca assim. O morto-vivo era muito bobo. (Ri-se).
	P: Bem, acho que você está mais tranquilo. Amanhã conversaremos um pouco mais, está bem? Está na hora de dormir, querido!
A: (Antonio acalma-se, com cara de assustado).	

É importante ser afetuoso e próximo no momento de falar com a criança sobre acontecimentos que lhe provocaram medo. A criança deve sentir muita proximidade e compreensão da nossa parte, pois, caso contrário, sentirá que estamos caçoando dela. Não é preciso dramatizar, apenas manter a calma e ouvir com empatia, tentando saber como a criança se sentiu naquele momento. Também é muito importante rever o relato duas ou três vezes ao longo dos dias seguintes. Quanto mais a criança processar verbalmente as imagens e impressões, mais assimilará o acontecimento. Posso garantir-lhe que quando uma criança pequena está triste ou assustada não há nada que a ajude mais do que falar sobre isso com uma pessoa que a compreenda perfeitamente. Quer que lhe conte um segredo? Acontece exatamente a mesma coisa aos adultos. Ajude o seu filho a processar com os dois hemisférios cerebrais as experiências traumáticas e ele crescerá seguro de si próprio e sem medos.

Ajude-o a enfrentar os seus medos

Os medos são parte natural do desenvolvimento da criança. Por mais que tente evitar que o seu filho sofra experiências "traumáticas" ou que o ajude a assimilá-las tal como lhe ensinaram, haverá sempre algum medo que vai afetá-lo de uma ou de outra forma. Quando isto acontece, há uma estratégia que pode ajudar a criança, não só a ultrapassar esses medos da infância, mas a aprender a ultrapassar qualquer medo que tiver ao longo da sua vida. A estratégia é apenas ajudá-la a enfrentar os medos.

Há duas emoções que só são superadas se as enfrentarmos. A primeira é o medo e a segunda, a vergonha.

São praticamente o mesmo. Se alguma vez você caiu de uma bicicleta, de um cavalo ou de uma moto, sabe que a única forma de superar o medo é fazer isso de novo. Existem dois tipos de medos: os instintivos e os adquiridos. Os medos instintivos são os que aparecem na criança de uma forma natural, sem que exista uma experiência prévia que os tenha provocado. A maior parte das pessoas tem um medo natural das serpentes. Da mesma forma, muitas crianças podem ter medo de tocar em um cão, de entrar em uma piscina ou do escuro. Os medos adquiridos aparecem quando uma experiência prévia condiciona o fato de sentirmos medo em uma situação parecida. Se a criança cai de uma árvore pode ficar com medo de altura, e se uma criança mais velha atira areia em outra no parque, esta última pode ficar com medo de se aproximar de crianças desconhecidas.

Perante o medo dos seus filhos, muitas mães têm tendência para consolar a criança abraçando-a, mostrando-se empáticas e fazendo com que a criança sinta que a mãe vai protegê-la de todo o mal. Embora seja fundamental que a criança se sinta segura e protegida, e qualquer mãe fará bem em demonstrar ao seu filho que ele estará seguro nos seus braços, o que não é assim tão indicado é ficar satisfeito com esse momento de proteção. Embora muitas mães e muitas crianças gostem disso, a verdade é que é impossível que a mãe proteja sempre a criança. É frequente que os pais adotem uma estratégia de maior confronto, incentivando a criança a enfrentar os seus medos nesse mesmo momento, sem se darem conta de que ela pode se sentir como um cordeiro lançado a uma alcateia de lobos. No primeiro caso, a criança pode sentir falta de confiança e uma tendência a evitar as situações difíceis ou que requeiram um certo grau de coragem. No segundo caso, a jogada pode correr bem, mas também é frequente que o medo da criança aumente, por isso também não é recomendável essa abordagem de super-homem. Na verdade, como em tantas outras coisas, o meio-termo, o equilíbrio, parece apresentar uma estratégia muito mais eficaz. Sem dúvida, vale a pena ajudar a criança a ultrapassar os seus medos. Para isso, o mais recomendável é fazer uma aproximação por meio de sete etapas nas quais passamos do medo à confiança, utilizando muitas das ferramentas que foram fornecidas nos primeiros capítulos. Acompanharemos a explicação desses sete passos com um exemplo prático que vai ajudá-lo a compreender e a relembrar essa técnica. Sônia tem 4 anos. Adora fazer de conta que é equilibrista e gosta de subir em lugares muito altos. Um dia estava andando em cima de uma tábua colocada a uma certa altura, e, por algum motivo, perdeu a concentração e caiu. A altura não era excessiva – caso contrário, você não a teria deixado subir –, mas ela percebe na sua cara que ficou realmente assustada e diz-lhe, muito nervosa, que não voltará a subir. Vejamos como a Sônia pode, com a ajuda da sua mãe, superar esse medo "adquirido".

1. Utilizar a empatia para acalmar o cérebro emocional que só sente a necessidade de fugir. Pode ser necessário algum tempo.	M: (Pegando-lhe ao colo). Você levou um grande susto! S: (Chorando). Siiiiim! M: Claro, caiu e ficou assustada. S: (Chora menos). Siiim! (A mãe continua criando empatia com ela até que se acalma).
2. Validar o medo e dialogar sobre a importância de enfrentar esse medo.	M: Você me disse que não quer voltar a subir, não foi? S: Sim. M: Claro, mas é importante voltar a tentar para não ter medo. S: Não quero.
3. Utilizar a comunicação cooperativa para que saibam que vão superar esse medo juntas.	M: Claro, imagino... Acho que podemos tentar as duas juntas. S: Tenho medo. M: A mãe vai te ajudar. Vamos fazê-lo juntas e eu estarei sempre de mão dada com você.
4. Tentar chegar a um acordo em relação ao que vão conseguir.	M: Vamos tentar juntas, mas só um pouquinho. S: Mas eu tenho medo. M: Olha, vamos fazer uma coisa. Você só tem de dar dois passos, e eu vou estar de mão dada com você, o que acha?
5. Realizar a ação só quando a criança estiver preparada, sem pressioná-la e sem forçá-la em absoluto.	S: Está bem. Mas você tem de me dar a mão. M: Eu não vou te largar, me dê a mão. Vamos, você vai conseguir dar o primeiro passo.
6. Perguntar-lhe quão satisfeita ou contente se sente e valorizar a sua capacidade de ultrapassar o medo.	M: Muito bem!!! Você fez sozinha. A mãe só te deu a mão. Como você se sente? S: Sim. Fui muito corajosa! M: Sim. Você está contente, não está? S: Estou, vou tentar mais um pouquinho.
7. Repetir a ação em outro dia, noutro contexto, para favorecer a generalização.	

É muito importante considerar que para realizar esses sete passos é preciso algum tempo. No entanto, o que são uns minutos em comparação com uma vida sem medos? Ajudar a criança a acalmar-se é o passo que leva mais tempo. No entanto, esses três ou quatro minutos que pode dedicar a estabelecer uma ligação com o seu cérebro emocional são a chave para poder abrir a porta da coragem. Da mesma forma, você deve ter em conta que, tal como podemos ver no passo cinco, um ponto-chave importantíssimo é o de nunca forçar a criança. Não devemos empurrá-la, nem puxá-la. Podemos dar-lhe a mão acompanhando-a, mas deve ser a criança a dar o primeiro passo, ou pelo menos a deixar-se guiar com suavidade. Caso contrário, isso só reativará uma resposta de fuga que, precisamente, estamos ajudando a criança a dominar.

Recapitulando

Na realidade, ajudar uma criança a prevenir e a superar os seus medos é uma tarefa fácil se os pais souberem como fazê-la. Para isso, só é preciso dedicar um pouco de tempo para falar com a criança e sermos tão respeitosos como compreensivos com os seus sentimentos, com o tempo de que precisa para se acalmar e com a ajuda necessária para enfrentá-los e sentir-se com coragem. É um instinto natural acompanhar e proteger a criança que sente medo, mas não se esqueça de que pode optar por ser seu companheiro na fuga ou seu companheiro na coragem. Os estudos científicos e o senso comum indicam-nos que a segunda opção é aquela que pode ensinar o seu filho a superar qualquer medo que tiver na vida.

17
Assertividade

"Não se preocupe se os seus filhos não o ouvem… Eles o observam o dia inteiro."

Madre Teresa de Calcutá

Uma característica comum nas pessoas com uma boa inteligência emocional é o fato de serem assertivas. O termo "assertividade" refere-se à capacidade de a pessoa dizer o que pensa de uma maneira respeitosa. A pessoa assertiva é capaz de expressar o que não quer ou aquilo de que não gosta, mas também o que quer e aquilo de que gosta de uma forma tão clara como respeitosa.

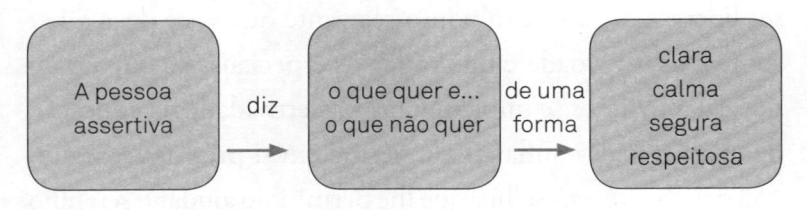

A pessoa assertiva	diz	o que quer e… o que não quer	de uma forma	clara calma segura respeitosa

A assertividade em si própria é uma forma de nos comunicarmos com os outros. Com ela sentimo-nos seguros dos nossos direitos, das nossas opiniões e dos nossos sentimentos, e expressamo-los de uma forma respeitosa para com o outro. Sem dúvida, uma parte importante do trabalho de qualquer pai ou professor que quer ajudar os filhos a sentirem-se bem consigo próprios e a conseguirem atingir as suas metas passa por ensiná-los a serem assertivos. Todos os especialistas estão de acordo sobre como a assertividade proporciona grandes vantagens para quem a aplica. As pessoas sentem-se mais seguras, reduzem a quantidade de conflitos com outras pessoas e são mais eficazes no momento de atingir as suas metas.

A assertividade é mais evidente em quem tem elevados níveis de confiança. Da mesma forma, qualquer pessoa treinada para comunicar de uma maneira assertiva ganha confiança em si própria e nas relações com os outros. Isto deve-se ao fato de que as pessoas assertivas sentem menores níveis de ansiedade e o seu cérebro segrega menos cortisol – o hormônio do estresse. O mais curioso é que quando uma pessoa ansiosa conversa com uma pessoa assertiva sente-se relaxada e os seus níveis de cortisol também baixam. Por isso, as pessoas assertivas costumam ser líderes natos. Outro ponto relevante que você deve saber sobre a assertividade é que todos os especialistas concordam que quanto antes se implementar a assertividade na educação da criança mais confiança ela sentirá em si própria. A seguir, vou dar-lhe três conselhos que lhe permitirão ajudar o seu filho a ter um estilo de comunicação assertivo.

Seja assertivo

Se você se lembra do capítulo em que falamos sobre como podia motivar o comportamento da criança, o ponto de partida era apenas dar exemplos que ela pudesse imitar. Graças aos neurônios-espelho, o cérebro da criança ensaia e aprende a lista de comportamentos que observa nos pais. No caso da assertividade, a observação de comportamentos assertivos nos pais parece ser determinante. Assim, se a criança observa que o pai ou a mãe enfrentam os pequenos conflitos interpessoais com clareza e respeito, desenvolverá um estilo de comunicação assertivo. Alguns pais são pouco assertivos com as pessoas de fora. Podem ter tendência tanto para a agressividade como para a passividade. Se desse grupo, a sua tendência natural é a de conseguir sempre o que quer, valorizar os seus próprios direitos em detrimento dos do vizinho e comunir-se, em situações de conflito, de uma forma grosseira e categórica. Se é do outro grupo, o seu estilo pessoal o fará evitar o conflito, você se calará ou expressará as suas opiniões timidamente sem chegar a dar valor aos seus direitos.

Nos dois casos, é importante que saiba que os seus filhos o observam. Quando tiverem um conflito, vão tender a imitá-los tal como imitam o irmão quando diz um palavrão. Nesse sentido, não seria mau recordar que o seu filho vai tê-lo como exemplo e como modelo de comportamento diante de conflito; assim, poderá decidir se o que quer realmente ensinar ao seu filho é a agir de uma maneira agressiva ou, pelo contrário, a calar-se perante um abuso. Não quero que imagine situações hollywoodianas. A assertividade aprende-se mediante pequenos gestos e das conversas com os pais que aparecem no dia a dia da criança. Pode ser que uma outra mãe lhe sugira ir ao parque e não lhe apeteça. Pode ser que uma criança leve, sem querer, o brinquedo do seu filho, ou, na fila do supermercado, alguém pode passar-lhe à frente. Nesses casos, não se esqueça de que o seu filho está a observá-lo. Vai agir com excessiva força ou falta de respeito? Vai calar-se e aceitar as coisas tal como surgem? Ou vai expressar aquilo que quer dizer com liberdade e confiança? Aconselho-o a lembrar-se deste capítulo e a tentar utilizar o seu lado mais assertivo. Opine, expresse-se e faça o que realmente quer sem medo e sem se irritar, com clareza e com respeito.

Mostre-se assertivo em situações quotidianas.

Em vez de...	Tente dizer...
Ir com outra mãe ao parque quando não queremos ir.	"Obrigado, mas hoje não pretendo ir ao parque."
Deixar que a criança leve o brinquedo.	"Oi, querido. Acho que você está levando um brinquedo que é nosso."
Gritar com o homem que passou à frente no supermercado.	"Desculpe, mas parece-me que há uma confusão, nós estávamos primeiro."

Embora seja importante mostrarmo-nos assertivos com amigos e estranhos, o principal problema de demonstrar aos nossos filhos o nosso lado assertivo acontece dentro de casa. A verdade é que o fato de muitos pais não serem totalmente assertivos com os seus filhos é o maior obstáculo para ajudar a criança a ser assertiva. Todos os dias, quando passeio no parque, quando vou ao supermercado ou estou em casa de familiares e amigos, vejo pais assim. Os pais inventam todo o tipo de desculpas, pequenas mentiras e confusões para não enfrentarem a irritação dos seus filhos: "Querido, não tinha mais doces na loja ", "Filho, o gerente disse que não se pode correr no supermercado" ou "Vamos brincar em outro parque porque aquele aonde você quer ir está fechado". A verdade é que avançamos muito em relação aos anos anteriores, nos quais o bicho papão levava o menino que não se portava bem, mas ainda há muitos pais que não são totalmente claros e honestos para com os seus filhos. Há pouco tempo, em um curso que dei para pais interessados em melhorar as capacidades cognitivas dos seus filhos, um pai comentou com orgulho que tinha conseguido que o filho de 4 anos, que estava realmente viciado em videogames, não brincasse com o *tablet* nem com o celular. Quando lhe perguntei como é que tinha conseguido, respondeu-me que lhe tinha dito que a internet estava estragada e que nem o celular nem o *tablet* funcionavam. Estavam há dois meses sem olhar para o celular na presença da criança para que ela não percebesse que era mentira. A assertividade requer um pouco mais de honestidade e de coragem.

Quando dizemos à criança uma pequena mentira, esta aprende a dizê-las e, o que é pior, aprende que é preciso esconder certas coisas, não confiar no seu critério e evitar falar de forma clara. As pessoas assertivas não dizem pequenas mentiras, pois expressam as suas opiniões e decisões tal como as sentem. Utilizam expressões como "quero", "gosto", "sinto", "julgo", "não quero", ou "não gosto". É evidente

O cérebro da criança explicado aos pais

que enfrentar abertamente o desejo da criança, dizendo-lhe "Não quero que você coma doces" é um pouco mais difícil do que convencê-la com algum truque. É possível que nas primeiras vezes a criança se zangue e faça uma birra – sobretudo se não estiver acostumada a ter limites claros –, porém, se agir de uma maneira assertiva com a criança, sem fingimentos nem pequenas mentiras, terá tido dois triunfos de valor incalculável. Em primeiro lugar, porque a criança aprenderá consigo a ser assertiva. Em segundo lugar, e talvez mais importante, porque terá conquistado para sempre o respeito do seu filho. Não consigo imaginar uma ferramenta mais importante na educação do que o fato de uma criança sentir respeito pelos seus pais ou professores. O respeito vai fazer com que o seu filho se deixe guiar por você, respeite-o e deposite em você toda a sua confiança. Não só o ajudará a educá-lo, mas também vai contribuir de forma muito determinante para que você possa construir e manter uma boa relação com ele.

Tente ser mais assertivo na relação com o seu filho.

Em vez de...	Tente dizer...
"Não pode".	"Não quero que você faça isso".
"Não tem mais balas".	"Não quero que você coma balas agora".
"Você tem de comer tudo".	"Quero que coma tudo".
"A internet não está funcionando".	"Não quero que você acesse a internet".
"Não posso brincar".	"Agora não quero, querido".
"O gerente diz que não pode correr".	"Não quero que você corra aqui".

Respeite e dê valor aos seus direitos

Todos os programas dedicados a desenvolver a assertividade insistem em informar aos seus participantes os seus direitos como pessoas. As pessoas pouco assertivas reagem com agressividade porque têm medo de se sentirem humilhadas ou resignadas por não ter certeza daquilo que podem e não podem pedir. Nos dois casos, conhecer os nossos direitos ajuda-nos a sentirmo-nos seguros em relação ao que podemos dizer, sentir ou pensar, e a dar valor à nossa opinião perante qualquer pessoa. A seguir, você vai conhecer os principais direitos de qualquer pessoa pelo simples fato de ser pessoa. Se os fizer prevalecer e ajudar os seus filhos a crescer conhecendo-os e sentindo que cada um desses direitos deve ser respeitado, terá contribuído de forma incalculável para que a criança se sinta bem consigo mesma durante a sua infância e, mais à frente, como adulta. Estes são os principais direitos que devemos transmitir aos nossos filhos em casa.

Direito de ser tratado com respeito e dignidade
Não falte ao respeito com seus filhos nem deixe que ninguém o faça, porque, caso contrário, o cérebro dele aprenderá que não é digno de respeito.

Direito de ter e de expressar os seus sentimentos e opiniões
Ouça as suas opiniões com atenção e interesse genuíno. Não precisa fazer sempre o que ele disser, mas é

importante que dê às suas opiniões o mesmo respeito e consideração que quer que ele sinta por si próprio.

Direito de considerar as suas necessidades, estabelecer as suas prioridades e tomar as suas próprias decisões
Preste atenção aos seus gestos e às suas palavras. O seu filho sabe que história quer que leia para ele, quando está satisfeito e não quer comer mais ou quando não quer fazer um plano que você lhe propõe. Deixe-o decidir por si próprio, desde que a tomada de decisão estiver nas suas mãos.

Direito de dizer "não" sem sentir culpa
Todos podemos ter a nossa opinião, nos negarmos a fazer alguma coisa, e não é por isso que devemos nos sentir culpados. Se o seu filho não quer tomar banho em um determinado dia, analise se é uma coisa que você lhe pode permitir. Deixe-o tomar a decisão ou imponha-lhe limites, mas não o faça sentir-se culpado porque vai crescer e sentir culpa e raiva sempre que conseguir o que quiser.

Direito de pedir o que quiser
Todos temos direito de pedir o que quisermos, sempre e quando entendermos que o outro também é livre para aceder ou não aos nossos desejos.

Direito de mudar
Todas as pessoas têm direito de mudar de opinião, gostos, interesses e passatempos. Respeite o direito do seu

filho de escolher alguma coisa diferente daquilo que tinha escolhido inicialmente.

Direito de decidir o que fazer com o que possui e com seu corpo, desde que não interfira nos direitos dos outros
    Talvez o seu filho decida trocar um dos seus brinquedos com um amigo ou decida pintar o pé com uma canetinha. Temos de educar nossos filhos, e não vamos permitir que façam algo que os magoe ou prejudique. Mas, qual é o problema de trocar um brinquedo por outro se os dois estão de acordo, ou de pintar um dinossauro na barriga da perna? Do meu ponto de vista, não há absolutamente problema nenhum.

Direito de errar
    Todos cometemos erros. Eu cometo erros, você comete erros e, lógico, o seu filho comete erros. Ajude-o a entender que não há problema nenhum se isso acontecer.

Direito de ter sucesso
    Talvez tenha se sentido apreensivo ao ver que o seu filho corre, salta ou lê bem, enquanto o seu irmão ou o vizinho ainda não o faz. Não ignore ou viva com vergonha de suas virtudes ou sucessos, todos temos direito de triunfar. As outras crianças também têm as suas virtudes. Se não reconhecer os de seu filho, acha que ele as reconhecerá?

Direito de descansar e de se isolar
    Tal como você, a criança pode precisar se isolar, se acalmar ou se abstrair do mundo, especialmente quando

estiver um pouco saturada ou cansada. Ela vai viver isso como algo normal, como quando bebe um copo de água porque tem sede. Dê-lhe o seu espaço e deixe-a sossegada. Com certeza, passado algum tempo ela voltará a juntar-se aos seus amigos.

Este é o último e o meu preferido:

Direito de não ser assertivo

Todas as pessoas podem escolher em um determinado momento se querem ser assertivas. Há dias em que nos sentimos menos capazes, pessoas com as quais nos sentimos menos fortes ou situações em que a frustração nos invade e reagimos de uma forma um pouco mais agressiva do que é habitual. Não há problema. Cada situação e cada pessoa são diferentes. Respeite o direito da criança de não ser sempre assertiva. Em um campo de concentração, a passividade era a melhor ferramenta de sobrevivência. Perante uma situação de abuso, mostrar agressividade pode ser a única saída, e, quando uma pessoa se sente ansiosa, saber manter-se afastada e não entrar em confronto por causa de cada pequeno conflito é uma estratégia emocional inteligente. Ser assertivo é, sem dúvida, em condições normais, a melhor opção, mas na vida nem todas as situações nem as pessoas são normais. Não limite a lista de comunicação do seu filho e dê-lhe um pouco de espaço para que em diferentes momentos reaja de diferentes maneiras. Ele é pequeno. Por vezes, o mais normal é que tenha medo. Respeite o seu direito de não ser sempre assertivo.

Dê voz ao silencioso

O terceiro conselho para ajudar o seu filho a ser assertivo é dar-lhe voz quando precisar falar e não puder fazê-lo. Uma das primeiras coisas que uma pessoa aprende quando se especializa em terapia de grupo é prestar especial atenção aos membros do grupo que permanecem silenciosos. Quando em uma reunião se aborda um tema emocionalmente complexo, é frequente que o membro do grupo que tem mais coisas para dizer seja aquele que fica calado. Com as crianças pode acontecer o mesmo. Vou compartilhar com você uma experiência que vivi em minha família e que exemplifica perfeitamente a grande importância que pode ter dar voz ao silencioso. Poucos meses depois de nossa filha mais nova nascer, minha mulher e eu estávamos realmente esgotados. Diogo, o nosso filho mais velho, ainda não tinha feito 4 anos e as suas irmãs, de um ano e meio e dois meses, ainda eram muito pequenas. As duas acordavam várias vezes todas as noites para mamar ou tomar a mamadeira, e nós revelávamos o cansaço de termos passado por três gravidezes, três partos e a criação de três filhos em apenas quatro anos. Lembro-me de que os choros me incomodavam como nunca me tinha acontecido e de que, pela primeira vez em quatro anos, vi a minha mulher perder a paciência. Nessas circunstâncias é normal que qualquer pessoa tenha os nervos à flor da pele e, como costuma ser habitual, discutíamos mais do que o normal. Em um domingo de manhã, estávamos no carro a caminho da casa dos avós e, sem saber como, eu e a minha esposa envolvemo-nos em uma discussão. Não me lembro do que nos levou a discutir. Provavelmente, nada em concreto. Mas lembro-me de que nos acusávamos mutuamente de coisas que não tínhamos feito bem e que dissemos algumas coisas feias que tinham a ver com a crispação que sentíamos por dentro. Não conseguíamos parar. Então, vi o Diogo pelo retrovisor. Estava sentado em sua cadeirinha, totalmente calado e a olhar para o chão. Nesse momento percebi que a situação não estava boa para ele. Estava sofrendo. Poderia ter-lhe dito: "Calma, Diogo, o pai e a mãe não vão discutir mais". Porém, sabia que não poderia cumprir essa promessa, porque todos os pais discutem de vez em quando. Em vez disso, decidi dar-lhe voz para que ele dissesse o que realmente sentia.

Eu: Como você se sente, filho?
Diogo: Mal.
Eu: Porque o pai e a mãe estão discutindo muito, não é?
Diogo: Sim. Tenho medo.
Eu: Não se atreveu a dizer uma só palavra, não é mesmo?
Diogo: Não.
Eu: Olhe, Diogo, e o que você gostaria de dizer quando estava tão calado?
Diogo: (Muito timidamente.) Para pararem de discutir.
Eu: Ah, sim? Muito bem. Você devia ter dito isso. Devia dizer sempre o que pensa. Sobretudo se há alguma

coisa de que não gosta ou que está te incomodando. Hum, sabes o que eu acho? Que você devia dizer isso muito alto. Vamos, eu te ajudo.

Diogo: Parem de discutir.
Eu: Mais alto!
Diogo: Parem de discutir!!!
Eu: Mais alto!!!!!!
Diogo: PAREM DE DISCUTIR!!!!!!!!!!

Diogo estava sorrindo e tinha recuperado a alegria. Acho que nunca me senti tão orgulhoso do meu trabalho como pai como no dia em que ensinei o meu filho mais velho a dizer o que pensa, superando o medo de dizê-lo. À medida que o tempo vai passando, eu e minha mulher discutimos muito menos, mas, quando o fazemos, não há nenhuma ocasião em que o Diogo não diga para nos calarmos ou para pararmos de discutir. Às vezes, fazemos o que ele diz e outras vezes nem tanto, mas estamos sempre calmos porque não voltamos a ver aquela tristeza que tinha dentro dele no dia em que, sentado em sua cadeirinha, não se atrevia a falar. Como pais, não podemos ser perfeitos. Como dizem Daniel Siegel e Tina Bryson no seu fantástico livro *The Whole-Brain Child*, não existem superpais. Todos nos zangamos, discutimos e nos enganamos, mas se você ensinar o seu filho a dizer o que pensa quando está calado o estará ajudando a ser uma pessoa mais assertiva; a expressar o que sente e a pedir o que quer. E saberá que ele será capaz de se defender mesmo quando as circunstâncias façam com que se sinta um pouco assustado.

Recapitulando

A assertividade é um presente para qualquer criança, porque vai permitir-lhe expressar os seus desejos, medos e inquietações livremente. Incentive-o a ser, a partir de hoje, um pouco mais assertivo com os outros, mas sobretudo com o seu filho, a ter em mente os seus direitos, a respeitá-los e a fazê-los prevalecer, e dar-lhe voz quando ele se sentir fraco ou impotente. Dessa forma, ele aprenderá a defender-se e a pedir sempre o que deseja.

18
Semear a felicidade

"A felicidade não é algo que apareça pronto para se consumir. Esta vem a partir das nossas próprias ações."

Dalai Lama

Na primavera de 2000, tive oportunidade de assistir a uma conferência sobre depressão infantil enquanto fazia o meu estágio como neuropsicólogo nos Estados Unidos. Era uma oportunidade única para ouvir um daqueles psicólogos que todos os estudantes de Psicologia estudam na faculdade. O doutor Martin Seligman tornou-se famoso no final da década de 1970 por desenvolver uma teoria revolucionária sobre a origem da depressão. Nesse evento, falou-nos com grande preocupação sobre o enorme aumento de casos de depressão infantil que estavam sendo verificados nos Estados Unidos naquele momento. De acordo com este psicólogo, os dados não só eram alarmantes, como também, segundo a sua previsão, indicavam que os casos continuariam a aumentar nos próximos anos. Em sua brilhante conferência, explicou-nos que conseguir tolerar a frustração parecia ser como um seguro diante da depressão, e que, ao contrário do que parecia ser aconselhável, as crianças não estavam expostas a situações frustrantes da mesma maneira que os seus pais e avós tinham estado. Embora fossem apenas os primeiros anos do *boom* da internet, nessa época qualquer criança escrevia *e-mails* ou entrava em um *chat* assim que se sentava em frente a um computador. Estavam se perdendo certos hábitos que cultivavam a capacidade de resistir à frustração, tal como esperar pelo dia seguinte ou pela hora de tarifa reduzida para falar com um colega da turma, ou escrever e esperar cartas dos amigos do verão. Segundo o doutor Seligman, se não fizéssemos nada para remediar a perda dos valores dos pais, o modelo de gratificação instantânea e o avanço das novas tecnologias, isso teria graves consequências para a saúde mental das crianças. Alguns anos depois, todas as previsões se tornaram realidade. Já não é preciso sentar-se em frente a um computador para falar com os amigos porque, antes da adolescência, qualquer criança tem toda a tecnologia e as redes sociais à mão. Falar com um amigo é tão simples como ver um jogo de futebol ou explorar a anatomia do sexo oposto. Não é preciso ter coragem para falar com uma menina pessoalmente ou aguentar as rejeições, porque a internet torna tudo mais fácil. Há rapazes que não se falam na aula, mas que se comunicam via *chat* ao chegar em casa, e os pais mostram-se cada vez mais complacentes e permissivos com os filhos.

Martin Seligman converteu-se, provavelmente, no psicólogo mais influente do nosso tempo. A sua preocupação com o avanço da depressão levou-o a abrir um novo campo de investigação, e hoje em dia é conhecido como o fundador da "psicologia positiva", um ramo da psicologia centrado na procura dos segredos da felicidade. Um dos seus principais focos de estudo é saber o que algumas pessoas fazem para sentir felicidade e evitar a depressão. Depois de mais de uma década de estudos, conhecemos muitos dos segredos da felicidade. O mais interessante das investigações, no âmbito da psicologia positiva, é que todas as pessoas podem aumentar os seus níveis de felicidade se mudarem alguns hábitos e costumes. Você pode ajudar seus filhos a desenvolverem um estilo de pensamento positivo, transmitindo-lhes alguns valores e hábitos bem simples na sua vida diária. Pegue uma caneta e um papel porque o que vai ler em seguida pode ajudá-lo a si e aos seus filhos a encararem a vida com otimismo.

Aprender a tolerar a frustração

Uma tarefa que qualquer criança deve aprender ao longo da sua vida, se quer chegar a ser um adulto feliz, é a superar a frustração. A vida está cheia de pequenas e grandes satisfações, mas também de pequenas e grandes frustrações. Como já vimos, nenhum pai consegue proteger completamente os filhos desses momentos de sofrimento e insatisfação e, portanto, o seu filho não tem outro remédio senão aprender a suportar a frustração. A criança tem de entender que "não" é uma palavra comum, porque vai ouvi-la muitas vezes na vida. Para ajudar a entendê-la pode explicar-lhe, pegar-lhe ao colo ou abraçá-la quando estiver alterada, utilizando a empatia, mas, sobretudo, ajudando-a a ver que, por vezes, simplesmente não pode ser. Talvez sinta que estes conselhos sejam muito limitados e gostasse de saber mais sobre como pode ajudar a criança a suportar a frustração. Não é por acaso. No capítulo em que se aborda o autocontrole, você poderá conhecer mais truques e estratégias que o ajudarão a ensinar os seus filhos a dominarem a sua frustração.

Evite satisfazer todos os seus desejos

Há muitos estudos que demonstram que não há nenhuma correlação entre a riqueza e a felicidade. Embora um certo bem-estar econômico seja necessário para evitar o sofrimento que a fome e o frio provocam, parece evidente que, quando atingimos certos níveis de segurança, o dinheiro não traz felicidade. Os estudos demonstram que a felicidade não está relacionada com o salário, a posição social ou os bens materiais que possuímos. É verdade que quando compramos sapatos ou um carro novo nos sentimos satisfeitos, mas, segundo parece, esse sentimento de felicidade pode durar entre uns minutos e poucos dias. Estudos feitos com vencedores da loteria revelam que alguns meses depois de terem ficado milionários eram tão felizes ou infelizes como antes. Evitar satisfazer todos os desejos da criança vai ensinar-lhe três coisas que podem ajudá-la a ser mais feliz na vida. Em primeiro lugar, que a felicidade não se pode comprar. Em segundo lugar, que na vida não podemos ter tudo o que queremos e, em terceiro lugar, que as pessoas se sentem felizes por causa da forma como são e como se relacionam com os outros.

Ajude-a a cultivar a paciência

Pode começar desde bem pequena, quando precisar mamar ou se sentir desconfortável por algum motivo. Em vez de ajudá-la rapidamente, espere um pouco porque ela sabe esperar. Não viva o seu choro com angústia porque só vai ensinar-lhe que sentir frustração é realmente angustiante. Veja o que se passa com ela o mais depressa possível, mas com toda a calma e a confiança de saber que o seu bebê pode suportar um pouco mais de frustração. À medida que a criança cresce, pode ajudá-la a lidar melhor com a frustração ensinando-a a respeitar os limites, especialmente no que se refere ao tempo. É bom que o seu cérebro aprenda que deve esperar por certos momentos para conseguir o que quer. Nesse sentido, pode ensinar-lhe que antes de tirar um brinquedo deve guardar o anterior, que antes de comer deve lavar as mãos, que antes de pintar deve tirar a mesa do café ou do almoço e que para conseguir aquele presente que a faria tão feliz vai ter de esperar pelo seu aniversário ou por outra data importante. Provavelmente, ela vai viver isso com uma certa frustração e impaciência, mas também aprenderá a esperar pelas coisas com entusiasmo, que é mais uma característica das pessoas extremamente felizes.

Centre a sua atenção nos aspectos positivos

Não há melhor segredo para ser uma pessoa infeliz do que pensar constantemente nas coisas que não tem. As pessoas que se sentem desgraçadas têm tendência para centrar a sua atenção naquilo que as incomoda ou as entristece. Porém, as pessoas felizes centram a sua atenção nas coisas que são positivas. Felizmente, os hábitos de atenção podem mudar; tal como o dentista tem tendência para reparar no sorriso das pessoas porque o seu cérebro pensa a partir de uma perspectiva dentária, você pode ajudar o seu filho a desenvolver um estilo de atenção positivo. Uma estratégia muito simples que pode aplicar quando ele expressar frustração perante aquilo que os seus amigos têm e ele não, é redirecionar a sua atenção para todas as coisas materiais ou imateriais de que pode desfrutar. Não se trata de negar os seus sentimentos, pode ouvi-lo com empatia, mas ao mesmo tempo pode ajudá-lo a pensar positivamente e explicar-lhe que "aquelas pessoas que reparam no que não têm sentem-se tristes e as que reparam no que têm sentem-se contentes e com sorte".

Em casa ponho em prática um exercício simples que, em uma investigação de psicologia positiva, demonstrou que se pode ensinar as pessoas a centrarem a atenção nos aspectos positivos.

Durante quatro semanas, um grupo de estudantes escreveu em um papel todas as noites três coisas positivas que lhes havia acontecido ao longo do dia. Depois de quatro semanas, os seus níveis de felicidade tinham aumentado significativamente. Tendo em conta os resultados desse interessante estudo, todas as noites, antes de lhes ler uma história, peço aos meus filhos que me digam duas ou três coisas boas que aconteceram no seu dia. Se praticar esse simples exercício, não só vai ajudar os seus filhos a centrarem a sua atenção no lado bom das coisas, mas vai perceber que coisas são realmente importantes para eles. Para dizer a verdade, pensar no melhor que aconteceu durante o dia não é uma atividade que eles adorem, mas a teimosia do pai faz com que isso seja uma condição *sine qua non* para ler a história de boa noite. Estou convencido de que isto os ajuda a desenvolver um pensamento positivo, e, caso contrário, aturar o pai pelo menos ajuda-os a treinarem a sua paciência.

Cultivar o agradecimento

Estudos demonstraram que as pessoas que dizem "obrigado" com mais frequência e se sentem mais gratas atingem maiores níveis de felicidade. Parte do segredo consiste no fato de o agradecimento ajudar a centrar a atenção no lado positivo da vida. Agradeça e explique ao seu filho a importância de ser grato para com as pessoas sempre que for necessário. Quer seja ou não religioso, também pode aproveitar a hora do jantar para agradecer ou sentir-se com sorte por ter alimentos na mesa e por poderem desfrutar da companhia uns dos outros. Este simples ritual fará com que as crianças saibam apreciar a sua sorte e todas as coisas de que dispõem.

Ajude-a a interessar-se por atividades gratificantes

Pode parecer uma ideia demasiado simples, mas, se pensar bem, é uma ideia eficaz. Aquelas pessoas que dedicam tempo a fazer coisas de que gostam são mais felizes do que quem dedica mais tempo a fazer coisas de que não gosta. Mais concretamente, ficou demonstrado que as pessoas que têm passatempos e são capazes de mergulhar em uma atividade como pintar, praticar esportes ou cozinhar, até o ponto de perder a noção do tempo, são mais felizes do que as que não o fazem. Respeite e incentive os momentos em que o seu filho estiver entretido desenhando, arrumando os bonecos, construindo coisas ou lendo histórias, pois a capacidade de se abstrair e de perder a noção do tempo é muito importante do ponto de vista da felicidade.

Da mesma forma, você pode ajudá-lo a afastar-se das coisas de que não gosta ou que o fazem sentir-se mal. Por vezes as crianças ficam obcecadas por um amiguinho que não as trata totalmente bem. Pode incentivá-lo a brincar com as crianças com as quais se relaciona sem se sentir mal e ajudá-lo a entender que não se sente bem com aquela criança que o trata mal. Saber escolher as amizades também é essencial para o bem-estar emocional.

Semear a Felicidade

Cultivar a paciência
Agradecimento
Reconhecer sucessos e capacidades
Superar medos
Aceitação
Vínculo

Tolerar a frustração
Pensar positivo
Tempo para explicar
Empatia
Confiança
Segurança

Recapitulando

A felicidade é uma conjunção de caráter, segurança, confiança, capacidade de defender os nossos direitos e de ver a vida com otimismo. Pode fazer com que o seu filho construa um estilo de pensamento positivo ajudando-o a sentir agradecimento pelas pequenas coisas de cada dia, a fazer uma leitura positiva do seu dia e, sobretudo, a cultivar a sua paciência e tolerância à frustração.

Parte IV
Potenciar o cérebro intelectual

19
Desenvolvimento intelectual

"O jogo é a maneira preferida do nosso cérebro para aprender."

Diane Ackerman

As capacidades intelectuais são domínio quase exclusivo do córtex cerebral, a região mais externa do cérebro, que todos identificamos pelos seus sulcos e intermináveis rugas. Como já vimos, o cérebro intelectual tem menor protagonismo na criança do que no adulto. O bebê nasce com um cérebro quase liso, quase sem sulcos, e relaciona-se com o mundo principalmente a partir do seu cérebro emocional. À medida que a criança vai aprendendo e desenvolvendo novas capacidades, começam a aparecer centenas de milhares de milhões de sinapses ou conexões nervosas que darão ao cérebro adulto o seu volume e os seus sulcos característicos. Sempre que a criança aprender alguma coisa – como o fato de que se largar a sua chupeta esta cairá e fará barulho –, o seu cérebro desenvolve novas conexões. O mundo que a rodeia é o melhor professor para o cérebro intelectual e, nesse sentido, o mais importante é que a criança tenha oportunidade de explorar diferentes meios e diferentes pessoas. Nós, pais, contribuímos modestamente para o seu desenvolvimento intelectual, embora isso seja muito importante, pois somos os principais responsáveis por ajudar a criança a adquirir a linguagem, bem como as normas, os costumes e os conhecimentos úteis da nossa cultura. Qualquer pai esquimó com dois dedos de testa ensinará a sua língua ao filho, como deve lidar com os cães do trenó, bem como a diferença entre um arpão para focas e um para baleias. Provavelmente, os seus ensinamentos não têm muito a ver com estes do pai inuíte, mas ambos vão tentar transmitir com sucesso todos os mecanismos que farão com que a criança viva dentro da sua cultura. Para além dessa transmissão de costumes e conhecimentos, os pais também têm uma importante influência no desenvolvimento intelectual dos filhos, pois, como sabemos, transmitem estilos de pensamentos. Dessa forma, o estilo de organizar as recordações, de elaborar histórias ou de pensar sobre o futuro transmite-se de pais para filhos, o que contribui de uma forma inevitável para o seu desenvolvimento intelectual.

De acordo com a minha experiência, não é de se estranhar que o segredo do potencial do cérebro da criança se encontre na relação entre pais e filhos. Para o cérebro humano não há um estímulo mais complexo do que outro ser humano. Interpretar as inflexões da voz, as microexpressões faciais, a gramática das frases ou as motivações de outro ser humano é um desafio único. Apesar disso, muitos pais deixam-se enganar pelos programas de estimulação dos *tablets* ou dos *smartphones*, com a percepção de que podem ser um estímulo benéfico para a criança, inclusive mais do que um bom momento de conversa entre pai e filho. Provavelmente, esses pais desconhecem que o cérebro humano é muito mais complexo, versátil e eficaz do que qualquer computador criado até o momento. O seguinte estudo comparativo ilustra perfeitamente a incomparável riqueza do cérebro humano diante de um aparelho que pretenda intervir na educação dos filhos; o número de operações que pode realizar em um segundo um *tablet* com o qual jogam milhões de crianças em todo o mundo – por exemplo, um iPad 2 – é de 170 *megaflops* (uma medida da velocidade de um computador). No mesmo lapso de tempo, o cérebro humano realiza 2.200 milhões de *flops*; ou seja, o cérebro humano é 12 milhões de vezes mais complexo do que um iPad 2. Se os computadores tivessem um efeito benéfico para a inteligência, provavelmente teria reparado que desde 2000 – ano a partir do qual se começou a popularizar a utilização da internet –, e mais especialmente desde 2010 – quando começaram a proliferar os *smartphones* –, todos os anos é um pouco mais inteligente. Embora isso fosse maravilhoso, estou convencido de que você não tem essa sensação. Porém, se é um usuário frequente dessa tecnologia, é provável que se mostre menos paciente nos momentos de espera, que se aborreça com mais facilidade, e que lhe custe muito estar durante algum tempo sentado em um parque sem olhar para o celular. Como pode verificar por si próprio, a tecnologia não teve um efeito positivo no seu cérebro e, além disso, tornou-o menos paciente. Provavelmente, você também tem mais dores cervicais e perdeu acuidade visual. Se você quer compartilhar esses "benefícios" com o cérebro em desenvolvimento dos seus filhos, só tem de descarregar todos os aplicativos concebidos para captar a atenção dos menores e deixar os seus dispositivos eletrônicos ao seu alcance. Pessoalmente, estou convencido de que daqui a uns anos toda essa tecnologia virá acompanhada de um vasto folheto no qual se especifiquem os riscos para a saúde e os seus efeitos secundários. Além de a tecnologia não parecer ter um efeito benéfico para o cérebro da criança, julguei que era conveniente explicar-lhe nesta introdução o que hoje em dia entendemos por capacidade intelectual. Muitas pessoas identificam a capacidade intelectual com o quociente de inteligência (QI). O QI foi uma invenção do início do século XX, concebida para classificar as crianças em função do seu nível de inteligência e prestar atenção especializada àquelas que precisavam dela. A primeira crítica a esse sistema foi que as crianças com mais dificuldades eram segregadas do sistema educativo normal com o objetivo de receberem uma educação especial. Hoje em dia, o QI também é muito criticado porque não avalia todas as capacidades intelectuais, e o que mede não se ajusta à concepção que temos hoje em dia de "inteligência". Tradicionalmente, identificou-se a pessoa instruída e com um elevado nível cultural como inteligente e, hoje em dia, a maioria dos especialistas associaria essa característica a uma pessoa menos culta, mas mais perspicaz. O motivo é muito simples, uma pessoa pode acumular muitos conhecimentos e mostrar-se muito inteligente e, porém, ter dificuldades para se adaptar a situações novas ou não ser capaz de atingir as suas metas, pelo que será ultrapassada por pessoas mais atentas ou que têm o dom da oportunidade. Como você pode ver, a inteligência tem muitos matizes e, provavelmente, a melhor definição que temos dela é de que se trata da "capacidade de resolver problemas novos e de se adaptar ao meio". Apesar de esta formulação definir melhor o conceito de inteligência, a verdade é que o QI é a medida que mais se relaciona com o nível de desenvolvimento acadêmico, socioeconômico e laboral de uma pessoa. O que quero dizer com isto é que é muito importante estar atento, ser perspicaz ou "esperto", como costumamos dizer na linguagem coloquial, mas os estudos demonstram que cultivar a mente e ter uma ampla bagagem cultural também é relevante. Nesse caso, como em tantos outros pontos do desenvolvimento, um bom equilíbrio é a melhor fórmula, e ter um bom balanço entre o conhecimento e a inteligência traz maiores vantagens. Nesse sentido, acho tão importante ajudar a criança a desenvolver o seu lado mais astuto como cultivar os seus conhecimentos em todas as disciplinas da vida.

A capacidade de resolver problemas não é a única ferramenta da qual o cérebro intelectual dispõe. Utilizo a palavra "ferramenta" porque do ponto de vista do cérebro todas essas capacidades não são mais do que ferramentas que nos permitem sobreviver e nos ajudam a atingir um desenvolvimento pleno. A capacidade de prestar atenção e de concentração, o domínio da linguagem, a memória, a inteligência visual ou de execução são aptidões intelectuais que muitas vezes ignoramos e que, no entanto, influenciam de maneira determinante a nossa forma de pensar, de resolver problemas, de tomar decisões ou de atingir as metas que queremos alcançar na vida. Uma criança com uma inteligência visual desenvolvida vai ser capaz de resolver problemas de forma mais intuitiva. A que tiver boa memória vai ser capaz de recordar situações semelhantes que lhe permitam resolver o problema de forma mais rápida. A criança atenta será capaz de prestar atenção aos detalhes que marcam a diferença e de ficar concentrada até ao fim. A que domina a linguagem será capaz de expor os seus argumentos e opiniões de maneira clara e convincente, e a que tiver autocontrole será capaz de esperar pelo momento certo para aproveitar a primeira oportunidade que houver. A que tiver cultivado todas essas capacidades e souber aplicá-las de maneira conjunta terá, sem dúvida, muitas vantagens na vida. Nesta última parte do livro, vamos rever as ferramentas mais importantes do cérebro intelectual, bem como as estratégias práticas e simples para apoiar os seus filhos no seu desenvolvimento. Nesta altura, você já pode imaginar que não vai encontrar complexos hieróglifos nem fichas de exercícios. Está comprovado que os programas de computador concebidos para treinar o intelecto das crianças não têm nenhum efeito (positivo) na sua inteligência, pois não permitem reproduzir a forma como o cérebro da criança aprende e se desenvolve. Por isso, a seguir você encontrará ideias práticas para que nas suas rotinas e conversas com o seu filho se divirtam e brinquem pensando, relembrando ou prestando atenção, de maneira que potenciem a forma natural de o seu cérebro se desenvolver. Vamos analisar aquelas que a maior parte dos especialistas considera ser as seis áreas mais importantes no desenvolvimento intelectual da criança.

20
Atenção

"O sucesso na vida não depende tanto do talento quanto da capacidade de se concentrar e de perseverar naquilo que se quer."

Charles W. Wendte

A atenção é a janela através da qual nos comunicamos com o mundo. Quero que você imagine que vai ver três casas com a intenção de escolher uma para comprar. A primeira casa tem uma sala grande, com uma única janela. Essa janela é pequena e faz com que tenhamos de nos deslocar para contemplar a totalidade da paisagem, e reduz a luminosidade do cômodo. Na segunda casa, há um grande mosaico que se destaca na janela da sala. A princípio, parece-lhe muito bonito e atraente, mas os seus múltiplos vidros e cores não lhe deixam ter uma visão nítida do exterior, fragmentam a atenção e tornam o cômodo extremamente escuro. Na terceira sala, você encontra uma grande janela com uma vista fantástica do exterior e que permite ter muita luz. Fica logo com vontade de se sentar para contemplar a paisagem ou de ler confortavelmente sob a sua luz. A atenção é exatamente igual às diferentes janelas que se podem pôr em um cômodo.

Quando a atenção é estreita, é difícil ter uma boa visão das coisas e recolher a informação que chega de fora. Quando a atenção está fragmentada, temos dificuldade de concentração e não conseguimos aproveitar bem a luz do exterior. Porém, quando temos uma atenção ampla e calma, nos concentramos melhor, somos capazes de reparar em todos os detalhes do mundo que nos rodeia e conseguimos apreender os conhecimentos do mundo exterior com clareza.

Atenção ampla

Os adultos frequentam cursos de meditação, ioga ou *tai chi* para manter a amplitude da sua atenção, com a esperança de ter uma mente mais luminosa e clarividente. Os executivos das grandes empresas praticam *mindfulness*, prática que, como sabemos, melhora a concentração, a criatividade, a tomada de decisões e a produtividade. No entanto, os pais e mães de todo o mundo continuam a fazer *download* de jogos e aplicativos no seu celular, tentando fazer com que os seus filhos tenham uma atenção mais rápida e veloz. Por que quereria alguém treinar os filhos para terem uma janela para o mundo exterior menor, breve ou fragmentada? Sinceramente não sei. É provável que tenha a ver com a ideia, amplamente difundida, de que os *videogames* e os aplicativos para crianças exercitam a mente e potenciam o desenvolvimento cerebral. No entanto, sabemos que os aplicativos de celular, os *videogames* e a televisão não têm qualquer efeito positivo no cérebro. Provavelmente, algum leitor mal informado ou algum amigo a quem comente o que acaba de ler lhe dirá que está demonstrado que os aplicativos para crianças podem melhorar a velocidade de tomada de decisões ou a capacidade visual e espacial. Efetivamente, há alguns estudos que indicam isso mesmo. Como especialista, posso garantir-lhe que são estudos mal concebidos, mal orientados e mal interpretados. A única coisa que estes estudos demonstram é que as crianças que têm contato com esses jogos se tornam mais rápidas e habilidosas para esses jogos. Há, no entanto, muitos outros estudos, mais rigorosos, que indicam que as crianças que convivem habitualmente com telas de celular, *tablets* ou computadores são mais irritáveis e têm pior atenção, memória e concentração do que aquelas que não os usam.

Atenção lenta

Outra razão pela qual muitos pais deixam os filhos jogar *videogames* é porque parecem precisar que eles cresçam mais depressa. Quando a criança tem de estar aprendendo a fazer linhas retas com o lápis, os pais querem que use o *tablet*, e quando deviam estar brincando livremente imaginando mundos de magos e princesas querem que sejam estrelas que conduzem uma moto em um *videogame*. Muitos afirmam, convencidos, que os *videogames* tornam os seus filhos mais rápidos, como se esta fosse uma melhor forma de crescer. Se se tem a intenção de aumentar a velocidade de atenção, é preciso considerar que se trata de uma capacidade intelectual que deve se desenvolver pouco a pouco. Em primeiro lugar, a criança começa por prestar atenção em um objeto durante períodos breves, e sempre que o estímulo se mova ou faça sons. Posteriormente, a criança pode centrar a atenção durante mais tempo e de forma um pouco mais voluntária; já não precisa que o estímulo se mova, emita luzes ou sons. Mais à frente, a criança aprenderá a controlar a sua atenção de forma voluntária; será capaz de permanecer calma mais tempo e começará a brincar sozinha por períodos mais ou menos longos. Neste momento, muitos pais começam a incentivar a utilização dos celulares e dos *tablets*, com jogos em que a criança tem de fazer explodir porquinhos voadores, mover motos daqui para ali ou encontrar pássaros resmungões que se movem por toda a tela. Mais do que um avanço em direção a uma maior amplitude de atenção e a um maior controle da própria mente, acho que é um atraso, pois voltamos ao modelo em que a criança se limita a responder a sons, movimentos e sinais luminosos, só que a velocidade à qual os objetos mudam e se movem é muito mais rápida. É como se oferecêssemos a uma criança que acaba de começar a andar uma moto de 800 cilindradas.

O valor da atenção

Há outro motivo, talvez mais eficaz, pelo qual não me parece que deixar crianças tão pequenas entreterem-se com esse tipo de tecnologia seja positivo para os seus cérebros. Há uma região no cérebro emocional chamada "corpo estriado" que tem uma relevância muito grande quanto ao desenvolvimento dos nossos gostos e preferências. Esta área, estreitamente ligada à atenção, identifica que atividades ou jogos são melhores em função, principalmente, de dois fatores. O primeiro é a intensidade do estímulo, e o segundo a velocidade à qual chega a satisfação. Quanto mais inovador, gratificante, cativante ou rápido for o estímulo, mais "apaixonado" ficará o corpo estriado por essa atividade. O problema é que o corpo estriado pode entusiasmar-se com alguns objetos de desejo, como a pessoa que está loucamente apaixonada e só pensa no seu ser amado. Assim, a criança que cai nas emocionantes redes dos *tablets* e dos *videogames* pode perder todo o interesse por outras coisas, como conversar com os pais, brincar com bonecos, andar de bicicleta, para não falar do fato de prestar atenção à professora ou de fazer os trabalhos de casa. Essas crianças podem parecer pouco atentas e serem diagnosticadas com transtorno de déficit de atenção, quando na verdade estão pouco ou nada motivadas. Da mesma forma que as crianças viciadas em doces perdem o gosto por outros alimentos menos doces – alimentos que noutras épocas e culturas eram e são autênticas guloseimas, como a fruta –, a criança viciada em *videogames* corre o risco de perder o entusiasmo por todo o resto. O problema pode piorar com os anos, pois os poucos estímulos suficientemente gratificantes para fazerem o corpo estriado esquecer o seu amor pelas telas e os *videogames* são as drogas, os jogos de azar e o sexo. Pode parecer um pouco duro, mas como comentei no princípio do livro o cérebro não funciona nem como julgamos nem como queremos; funciona como funciona, e nesse caso o corpo estriado é uma estrutura que tem de se manter bem vigiada e protegida, porque desempenha um papel muito importante nas dependências e no déficit de atenção. Tal como um cozinheiro deve educar o seu paladar, os pais têm na sua lista de tarefas a de educar o paladar emocional dos filhos para que possam saborear e desfrutar de todos os matizes e texturas da vida antes de expor a criança a estímulos tão eficazes que até os próprios adultos se sentem indefesos perante eles.

Corpo estriado
- Concentração
- Atribuir valor emocional às coisas
- Tomada de decisões

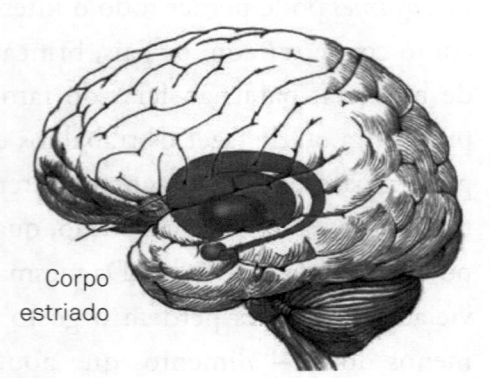

Corpo estriado

A verdade é que não sou o único que pensa dessa forma em relação aos dispositivos eletrônicos. Poderia citar outros colegas ou especialistas em educação que defendem que se deve limitar o tempo de exposição a esses dispositivos. Contudo, é provável que julgue que somos cientistas excêntricos. Prefiro dar-lhe exemplos de pessoas que se movem no mundo real e que não têm nada contra a tecnologia. Espero que as suas experiências lhe pareçam suficientemente relevantes. Em 2010, quando um jornalista perguntou a Steve Jobs quais eram os aplicativos do iPad preferidos das suas filhas de 15 e 12 anos, ele respondeu: "Ainda não o usaram. Eu e a minha mulher limitamos a tecnologia que os nossos filhos utilizam". Bill Gates também é muito restritivo em relação à utilização das telas pelos seus filhos. Gates só deixou que os filhos usassem o computador ou a internet a partir dos 10 anos de idade. Quando tiveram acesso a eles, fizeram-no com condições muito estritas. Quarenta e cinco minutos de segunda a sexta-feira, e uma hora por dia nos finais de semana. Não me parece que se possa dar um exemplo mais relevante do que o de Steve Jobs e do próprio Bill Gates. Na verdade, essa tendência é muito habitual entre os diretores de grandes empresas tecnológicas. Em outubro de 2011, o *The New York Times* publicou um artigo intitulado "Uma escola do Vale do Silício onde não se utiliza o computador". Na Escola Waldorf da Península, situada no centro de Vale do Silício, os alunos aprendem à moda antiga. Não têm quadros eletrônicos nem teclados para fazer apontamentos. Em vez disso, os alunos mancham as mãos com giz e riscam o seu caderno com a caneta quando se enganam. Dedicam o seu tempo a cultivar uma horta, a pintar e a refletir. O mais curioso dessa escola é que os alunos que a frequentam são os filhos dos diretores das grandes companhias do Vale do Silício, como Apple, Yahoo, Google, Microsoft ou Facebook, entre outras. Esses pais preferem que os filhos aprendam da maneira tradicional, pois sabem que as novas tecnologias não favorecem o desenvolvimento cerebral da criança.

 A evidência sobre os efeitos de expor as crianças pequenas a esse tipo de estímulos – televisão, jogos, *smartphones*, *tablets* – é significativa. A Academia Americana de Pediatria recomendou que as crianças não usem telas, e a Mayo Clinic – uma das instituições médicas mais prestigiadas dos Estados Unidos – recomenda limitar a sua utilização nessas idades para prevenir os casos de déficit de atenção. Talvez eu esteja enganado, mas, sabendo o que sei de neurociência e de desenvolvimento intelectual, não tenho nenhum aplicativo para crianças no meu celular ou no meu *tablet*. Às vezes, os meus filhos reveem conosco no celular algumas fotografias das férias ou do dia em que fizemos um bolo. Uma ou outra vez, vimos com eles uma canção e aprendemos a sua coreografia, mas nunca jogam a jogos. Também limitamos o tempo em frente da televisão. Em todo o caso, prefiro enganar-me seguindo as minhas próprias intuições, que por acaso coincidem com as indicações da Academia Americana de Pediatria e da Mayo Clinic, do que não o fazer porque algum amigo leu um artigo em uma revista sobre crianças.

Os executivos das grandes empresas de tecnologia estão convencidos disso, a Academia Americana de Pediatria e a Mayo Clinic também. E você? Para o caso de não ser assim, e já que alguns pais insistem em utilizar as telas para realizar um treino cerebral com os filhos, decidi dedicar um capítulo inteiro aos programas e aos aplicativos educacionais que considero mais adequados para crianças dos 0 aos 6 anos. Aí descrevo as suas principais vantagens e explico as virtudes de cada um deles. Pode utilizá-los com os seus filhos sempre que quiser porque são totalmente seguros. Agora que você já sabe que tipo de atividades pode interferir no desenvolvimento pleno da atenção da criança, vou lhe propor algumas estratégias simples para que você possa apoiar o seu desenvolvimento.

Passe tempo com os seus filhos

Esta é uma estratégia simples. As crianças que passam mais tempo com babá passam também mais tempo na frente da televisão. Provavelmente, é por isso que as dificuldades de déficit de atenção são muito comuns entre famílias de classe alta nas quais os pais passam o dia todo fora de casa e deixam as crianças sob a tutela de uma babá. Para muitos pais pode ser impossível estar em casa mais horas e precisam realmente de uma ajuda nesse sentido. Para eles, vou compartilhar um truque que utilizo quando, durante duas semanas, no verão, as crianças ficam em casa com uma babá porque terminaram as aulas e nós ainda estamos trabalhando: todas as manhãs, antes de sair para o trabalho, desligo a televisão da tomada. Verifiquei que quando as crianças passam a manhã em casa sem televisão estão muito mais sorridentes e a ocupam com diversas atividades. Reduzir o tempo de televisão e passar tempo com o seu filho, brincar com ele, ajudando-o a concentrar-se, é o melhor seguro para a atenção dele.

Deixe-os se descontraírem

Prestar atenção e estar concentrado requer autocontrole. Quando a criança passou um dia inteiro na escola, respeitando as normas da aula e da relação com os seus colegas, a região do cérebro que põe em funcionamento o autocontrole pode estar um pouco cansada. Para recuperar a sua capacidade de utilizá-la, esta região precisa fazer uma pausa. A melhor forma de conseguir isso é deixar que a criança brinque livre e descontraidamente. Está demonstrado que as crianças que brincam livremente em um parque ou que praticam algum esporte canalizam melhor a sua energia e reduzem significativamente o risco de sofrer transtorno de déficit de atenção com hiperatividade (TDAH). Proporcione-lhes todos os dias algum tempo para se descontraírem e para brincarem livremente.

Evite as interrupções

Uma boa atenção implica uma melhor concentração. Se quer evitar que o seu filho se distraia por "coisa sem nenhuma importância", recomendo-lhe que evite interromper a sua concentração. Provavelmente, o melhor conselho que lhe posso dar é que respeite esses momentos em que o seu filho está sossegado, lendo uma história ou brincando absorto com o brinquedo. Esse é um momento de atenção plena e é bom respeitá-lo. Da mesma forma, pode ajudá-lo respeitando o seu espaço quando está com outras crianças. Se você sente um desejo incontrolável de participar, faça-o, mas tente seguir as regras do jogo em vez de ser aquele que orienta a brincadeira. Por último, evite as interrupções quando estiverem brincando ou conversando; concentre-se em uma única atividade, não salte de um assunto para outro no meio da conversa nem mude de atividade quando estiver brincando com ele. Respeite o ritmo de pensamento da criança.

Ajude-o a ter uma atenção calma

O ambiente tem influência no grau de relaxamento ou de excitação do cérebro. Provavelmente, ele se sinta muito mais calmo quando dá um passeio no campo do que quando está no meio de uma grande cidade. Pode ajudar o seu filho a desenvolver uma atenção calma criando espaços e momentos nos quais possa sentir-se relaxado. Se vai falar com ele ou vão desenhar, faça-o em momentos calmos: quando o irmão mais novo estiver dormindo, antes de começar a cozinhar ou quando tiverem acabado de lanchar.

O cérebro da criança explicado aos pais

Se vão fazer algo que requer atenção, como ler uma história ou fazer um bolo, evite as distrações. Pode arrumar a mesa na qual vão trabalhar, tirar os objetos desnecessários, afastar brinquedos da frente dele ou simplesmente desligar a televisão. Também pode pôr um pouco de música calma que seja relaxante. As crianças adoram a música clássica ou o *jazz*, e isso pode ajudá-las a se concentrarem sempre que a música que ouvirem tiver um ritmo calmo. Da mesma forma, podem praticar algum exercício de *mindfulness* para crianças. O *mindfulness* é a capacidade de prestar atenção plena ao momento atual.

Podem deitar-se no campo e simplesmente ver como passam as nuvens ou como se movem as folhas das árvores. Podem sentar-se em um parque, fechar os olhos e tentar ouvir os diferentes sons que têm à volta. Também pode encostar a criança ao seu peito para que ela ouça o seu coração ou a sua respiração. Quando algum dos meus filhos não consegue dormir, fazemos um exercício muito simples, mas que os ajuda muito a relaxar. Peço-lhes apenas que tentem reter o ar. Como não conseguem fazê-lo com as mãos, peço-lhes que o retenham com o nariz, com a única condição de que o façam muito lentamente, encham a sua barriguinha e depois o soltem devagar. Qualquer atividade na qual a criança se concentra naquilo que está acontecendo neste momento pode ajudá-la a ter uma atenção mais calma e lhe permitirá aprender a concentrar-se e a relaxar quando for mais velha.

Ajude-a a concentrar-se até ao fim

A concentração é a capacidade de manter a atenção durante o tempo necessário para terminarmos aquilo que estamos a fazer. Como é normal, as crianças têm tendência para perder o interesse rapidamente e custa-lhes terminar algumas atividades. Pode ajudar o seu filho evitando que se distraia. Quando vir que ele começa a perder o fio da meada ou o interesse – ou quando já o tiver perdido – redirecione rapidamente a sua atenção para aquilo que estava fazendo. Nesse sentido, a regra é que, independentemente de estar fazendo um bolo ou um boneco de massinha, tente conseguir que ele termine aquilo que começaram juntos. Por vezes, não é possível porque a criança está cansada ou a atividade prolonga-se demasiado, impedindo que uma criança da sua idade a termine. Quando ela começar a distrair-se, sente-se ao seu lado e ajude-a a continuar concentrada. Quando vir que já está muito cansada, pode chegar a um acordo em relação ao que deve concluir. Quando chegar ao ponto que estiverem de acordo, felicite-a. É importante que se sinta satisfeita por todo o esforço que fez.

Recapitulando

Uma atenção plena é aquela que é ampla, calma e que se mantém até ao final. Evitar o contato dos seus filhos com as telas é a primeira estratégia para proteger o desenvolvimento normal da sua atenção. Ajudá-los a permanecer concentrados, desenvolver uma conversa na qual não existam mudanças de assunto, fazer exercício físico ou criar uma atmosfera adequada pode contribuir para que o consiga.

21
Memória

> "Se a história fosse escrita em forma de contos, nunca seria esquecida."
>
> Rudyard Kipling

Ter boa memória significa aprender e recordar com facilidade. Uma criança com boa memória aprende mais rapidamente, recorda mais detalhes e, geralmente, desfruta do processo de aprendizagem. Estudar e aprender são tarefas fáceis e estimulantes para ela. Tenho certeza de que, entre todos os leitores, não há um único que não gostaria de que os seus filhos ou os seus alunos melhorassem a sua capacidade de aprender e de memorizar. Porém, segundo a minha experiência, os pais sabem muito pouco sobre como ajudar os filhos a desenvolverem a capacidade de memória. Na maior parte dos casos, nunca pensaram nisso, não sabem como fazê-lo ou esperam que a escola os ensine a memorizar. Infelizmente, nenhuma dessas abordagens está totalmente correta. Sabemos que a memória da criança estrutura-se principalmente durante os primeiros anos de vida, e que os pais são os grandes protagonistas dessa estruturação. Nesse sentido, posso-lhe garantir que o seu papel como pai no desenvolvimento da memória do seu filho é crucial.

Ajudar o seu filho a ter uma boa memória não só lhe vai permitir aprender e recordar melhor, como também a ser um melhor estudante no futuro. Napoleão Bonaparte chegou a dizer que uma mente sem memória é como um exército sem guarnição, e em muitos sentidos estava certo. Vejamos um exemplo muito próximo. Sabemos que a memória é uma função muito importante no momento de resolver problemas; provavelmente, você tem este livro na mão porque, perante uma situação nova ou moderadamente difícil, tal como criar os seus filhos, se lembrou de outras vezes nas quais um bom livro ou o conselho de um especialista o ajudou. Também é muito provável que em breve, talvez até amanhã, você se lembre de algum dos conselhos que leu neste livro e o aplique para tomar uma boa decisão relacionada com a educação dos seus filhos. Em qualquer dos casos, a sua memória o terá ajudado a resolver melhor o problema. A memória é essencial também para que os seus filhos concretizem os seus sonhos e sejam mais felizes, pois, como verá em seguida, ela ajuda a criança a ter mais confiança em si própria.

Tal como outras capacidades cognitivas, a memória é influenciada pelos nossos genes, mas pode-se educar e potenciar graças à plasticidade do cérebro. Quando tinha 10 anos, fizeram-me um teste de inteligência na escola. Dentre todas as crianças do meu ano – mais de 120 –, obtive a pior pontuação na parte do teste que avaliava a memória. Hoje em dia, o meu trabalho consiste em ajudar as pessoas a recuperarem a sua memória, e sou capaz de dizer com orgulho que consigo memorizar em dois minutos o nome de 20 novos alunos que vão aos meus cursos e recordar grande parte daquilo que estudei na universidade. Graças à minha experiência pessoal e profissional, posso garantir-lhe que a memória se consegue fortalecer se utilizarmos as estratégias adequadas. Neste capítulo, vamos descobrir como se desenvolve a memória da criança e como podemos potenciá-la para que aprenda e recorde melhor, mas também para que desenvolva um estilo de pensamento positivo.

Narre a sua vida ao seu filho

Sabemos que grande parte do desenvolvimento da memória na criança tem a ver com as conversas mãe-filho. Quando as mães conversam com os filhos, costumam falar sobre as coisas que estão acontecendo, que acabam de acontecer, que aconteceram ao longo do dia e ao longo dos dias anteriores. Para isso, as mães elaboram pequenos relatos que servem tanto para captar a atenção da criança como para organizar os acontecimentos por ordem. Chamamos a esses relatos "narrativas". Vejamos como funcionam. Cecília e sua mãe encontram uma senhora na rua que oferece uma bala à menina. Quando chegam em casa, a mãe conta ao avô que Cecília teve muita sorte, porque uma senhora muito simpática lhe deu uma bala de morango. Dois meses mais tarde, voltam a encontrar-se com a mesma senhora no supermercado e a mãe pergunta à filha: "Você se lembra desta senhora?". Cecília responde: "Sim, deu-me uma bala de morango". Parece que contar histórias é um traço intrínseco da nossa espécie. Em todas as tribos os pais contam histórias aos seus filhos e todas as culturas têm os seus próprios contos e lendas que se transmitem de geração em geração. Há anos que os investigadores se interessam pelos motivos pelos quais os seres humanos gostam tanto de criar histórias. A maior parte dos cientistas diz que se trata de uma forma eficaz de recordar o passado e de imaginar o futuro, mas todos estão de acordo em que narrar a própria vida e contar histórias imaginárias ajuda a estruturar e a organizar a memória da criança. De fato, a criança elabora as suas próprias histórias para podê-las recordar. Antes dos 2 anos, a criança contará relatos breves sobre o que lhe chamou a atenção para poder recordá-los melhor. Neste sentido, se foi ao jardim zoológico, assim que chegar em casa ou antes de ir para a cama, a criança contará à sua mãe que "o urso cumprimentava com a mão". Essa pequena história que a criança criou vai ajudá-la a recordar melhor o urso e o seu cumprimento. Todos os pais e mães podem fortalecer essa tendência natural para criar histórias elaborando com os seus filhos narrativas sobre aquilo que viveram juntos: a festa de aniversário, a visita aos avós ou o passeio ao supermercado. O seu filho vai aprender a recordar de uma maneira mais clara e organizada.

Desenvolva um estilo de conversa positivo-elaborativo

Sabemos que diferentes mães têm diferentes formas de criar narrativas. Algumas elaboram muito as suas histórias, outras são muito explicativas e outras são mais concisas. Elaine Reese, da Universidade de Otago, na Nova Zelândia, é a diretora de um grupo de investigadores que estuda há mais de 20 anos os estilos de conversa mãe-filho. Os seus estudos concluíram que um tipo concreto de conversa durante a infância favorece a memória e a capacidade de aprendizagem na adolescência e vida adulta. Este estilo comunicativo caracteriza-se pelo fato de as mães elaborarem muito as narrativas, organizarem temporalmente os acontecimentos, insistirem nos detalhes e centrarem a atenção da criança nos momentos que foram divertidos ou positivos. Este estilo de conversa chama-se "positivo-elaborativo". Embora esses cientistas tenham concluído que os estilos de conversa são diferentes entre os pais, e que essas diferenças são inatas, verificou-se que qualquer mãe e qualquer pai pode desenvolver um estilo positivo-elaborativo com um pouco de prática e que a adoção desses estilo de conversa se repercute no desenvolvimento da memória da criança. Estes são os segredos de um estilo de conversa positivo-elaborativo.

Organização

Um dos segredos de uma memória excelente é a ordem. Quero que imagine duas gavetas. Uma pode ser sua e a outra do seu companheiro. Em uma das gavetas, todas as meias, a roupa íntima e os acessórios – como cintos, pulseiras e relógios – estão perfeitamente arrumados. Na outra, as meias sem par misturam-se com a roupa íntima por dobrar e com os acessórios, em uma desarrumação total. Se você e o seu companheiro tivessem de competir para ver quem encontra primeiro um par de meias, quem acha que o encontraria primeiro? Tenho a certeza de que estamos todos de acordo em que a gaveta arrumada nos dá agilidade no momento de encontrar as coisas. Com a memória acontece exatamente o mesmo. Quanto mais organizadas estiverem as recordações, mais fácil será encontrá-las. Porém, a criança não dispõe de uma memória organizada; e, embora seja capaz de recordar muitas coisas, as suas recordações aparecem de forma desagregada. A criança de 3 anos, por exemplo, pode recordar várias coisas que aconteceram em um fim de semana, mas terá muito trabalho para especificar o que aconteceu no primeiro dia e no segundo. Na mente da criança há muitos acontecimentos sem par e armazenados sem uma ordem lógica ou temporal que facilite a evocação da sua recordação. Por isso, ao conversarmos com uma criança sobre o passado, convém fazê-lo de forma organizada, como em uma sequência de relatos que permita coordenar cada acontecimento com o seguinte. Assim, a criança começará a recordar por ordem, e isso lhe permitirá aceder às recordações com maior facilidade. Essa simples técnica fará com que o seu filho desenvolva uma memória mais ágil e eficaz.

Vejamos uma narrativa que a mãe do Guilherme elabora para ele quando se apercebe de que não se lembra da ordem das atividades que fizeram juntos à tarde. A criança está convencida de que compraram os medicamentos ao sair do médico e não se lembra de tudo o que aconteceu. Se se organizarem as lembranças temporalmente, a criança não só é capaz de se lembrar da ordem correta dos acontecimentos, mas também é capaz de relembrar partes da tarde de que não se recordava.

| Primeiro fomos ao médico e ele examinou a tua garganta. | Depois estivemos no supermercado e compramos leite para tomar no café da manhã. | A última coisa que fizemos foi ir à farmácia para comprar medicamentos. |

Definição

Quando narramos sobre o dia, as férias ou a festa de aniversário à qual acabamos de ir, é importante prestar atenção nos detalhes. A memória da criança fixa ideias gerais, impressões, mas poucos detalhes. A sua memória é como uma grande rede de pesca. Pode apanhar os peixes grandes, mas os peixes médios e pequenos fugirão pelos seus buracos. Ajudar a criança a recordar pequenos detalhes lhe servirá para desenvolver uma memória cada vez mais clara e definida. Algo parecido com aquilo a que alguns chamam "memória fotográfica". Fazer com que uma narração seja mais clara é tão simples como ajudar a criança a recordar detalhes que não são necessariamente relevantes. Por exemplo, se o seu filho se lembra do bolo de chocolate e das batatas fritas da festa do seu amiguinho, pode dizer-lhe: "Sim, você gostou muito do bolo e das batatas fritas, e também comeu muitos docinhos, lembra-se?." Ou, por exemplo, se lhe conta que esteve brincando com as bonecas na casa de uma amiga, pode ajudá-lo a recordar detalhes: "Sofia, este pijama é da mesma cor que o vestido da boneca preferida da Alexandra, não é? Você se lembra dos acessórios que a boneca dela tinha? Uma tiara e um colar? Muito bem!." Pode ir acrescentando nitidez a qualquer recordação se revir detalhes relacionados com as cores, as formas, os objetos, as coisas que o seu filho fez ou que outras pessoas fizeram.

Alcance

Outra estratégia interessante consiste em ajudar a criança a chegar às recordações que se encontram armazenadas em lugares remotos da sua memória. Sabemos que grande parte das coisas que vivemos e sentimos e que não conseguimos recordar – ficaram armazenadas na memória, embora o cérebro não seja capaz de aceder a elas por si próprio. Falar sobre o passado e sermos capazes de relacionar o que aconteceu recentemente com fatos mais distantes e, por sua vez, com o passado remoto, pode ajudar a memória a desenvolver uma maior capacidade de alcance e agilidade na recuperação das recordações. Vejamos um exemplo simples de uma conversa entre a Helena e a mãe sobre uns deliciosos sorvetes.

> M: O sorvete que tomamos hoje estava delicioso, não estava?
> H: Sim. Era de chocolate.
> M: Sim, e o meu, de morango.

> M: Olha, e na semana passada, quando fomos ao parque com os teus amigos, a mãe da Maria também te convidou para tomar um sorvete. Você se lembra de que sabor era?
> H: Ah! Sim! Era de maracujá.

> M: E lembra-se de que no verão passado tomamos muitos sorvetes?
> H: Não...
> M: Comprávamos perto da praia... de um senhor muito simpático.
> H: Ah! Sim! Papai deixou cair um sorvete e um cachorro foi lambê-lo.

Uma excelente forma de ajudar os seus filhos a ter uma memória com maior alcance é dialogar todas as noites com eles sobre o que aconteceu durante o dia ou evocar em diferentes circunstâncias episódios ocorridos em situações parecidas, tal como vimos nos exemplos anteriores. Dessa forma, a criança aprenderá a resgatar as suas recordações com mais facilidade.

Recorde de forma positiva

Lembra-se da primeira vez que saiu de férias com os seus amigos? E da primeira viagem com o seu companheiro? E do primeiro aniversário do seu filho? Provavelmente, as recordações que guarda desses momentos têm alguma coisa em comum: são recordações positivas. O cérebro humano tem uma tendência natural para recordar o que é positivo e rejeitar os maus momentos, o que nos ajuda a manter um bom estado de espírito, a ter um bom autoconceito e confiança em nós próprios. Você pode potenciar isso se falar com o seu filho sobre coisas agradáveis do passado, como no exemplo do sorvete. Qualquer acontecimento agradável, como o próprio sabor do sorvete – ou um episódio divertido, como o fato de o sorvete do pai ter sido devorado por um cão –, permitirão à criança aceder à recordação com mais facilidade. As mães que comunicam por meio de um estilo elaborativo-positivo prestam mais atenção aos detalhes divertidos ou agradáveis das recordações, e por isso fazem com que a criança desenvolva uma melhor memória.

Recordar de forma positiva também é essencial para melhorar a confiança da criança. As recordações da nossa vida, aquelas experiências que por um ou outro motivo merecem ser recordadas, armazenam-se no lóbulo quadrilátero (*precuneus*), uma região do córtex cerebral posterior. Sempre que a criança – e depois o adulto – tem de tomar uma decisão quanto ao fato de ser ou não capaz de iniciar um projeto ou de resolver um problema, o seu cérebro procura no lóbulo quadrilátero recordações que confirmem a sua decisão. Se o lóbulo quadrilátero contém recordações positivas e a criança é capaz de aceder a elas, será mais otimista no momento de empreender um desafio e o enfrentará com mais confiança. De certa forma, o lóbulo quadrilátero funciona como uma espécie de *curriculum vitae* da nossa própria vida. Quando o currículo mostra experiência para um determinado campo, o candidato se apresentará à oferta de trabalho sabendo que é o melhor. Nesse sentido, se a mãe da Clara a ajuda a recordar que se defendeu de uma amiguinha que lhe queria tirar a sua boneca ou que foi capaz de se vestir sozinha, da próxima vez que enfrentar situações parecidas as recordações armazenadas no seu lóbulo quadrilátero a ajudarão a enfrentar a tarefa com total confiança.

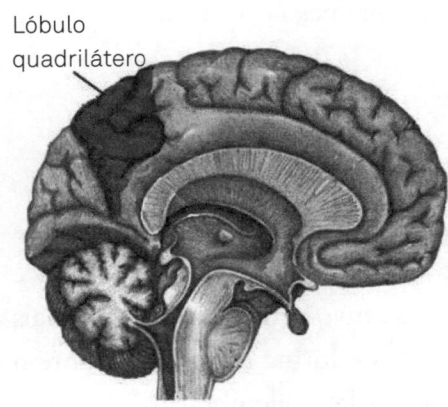

Lóbulo quadrilátero

Lóbulo quadrilátero
Recordações da nossa vida
- Recordações de sucesso
- Recordações de fracasso

Recordar o negativo

Frequentemente, a criança destaca situações desagradáveis ou injustas do seu dia. É importante aceitar essas recordações. Quando a criança fala sobre elas é porque têm um significado considerável para ela e quer entendê-las melhor. Como vimos no capítulo em que abordamos a importância de os dois hemisférios se comunicarem, é importante ajudar o seu filho a assimilar as experiências emocionais falando sobre isso. Outro motivo pelo qual é necessário falar com a criança sobre essas recordações é porque, para o seu cérebro, pode ser importante recordá-las. Imagine que uma criança bateu nela na escola ou lhe tirou um brinquedo e não quis devolvê-lo. Pode ser coisas de crianças, mas o seu cérebro identificou que essa informação é relevante e, portanto, quer recordar que essa criança em concreto lhe bateu. Recordar os erros e os perigos é um sinal de inteligência porque nos ajuda a prever e a resolver problemas no futuro.

Recapitulando

Uma criança com boa memória desfruta quando aprende e quando recorda, já que resolve problemas de uma forma mais eficaz, é capaz de tomar melhores decisões. Você poderá ajudar o seu filho a desenvolver uma memória mais eficiente se conversar com ele de forma organizada sobre o passado. Também poderá ajudá-lo a relembrar detalhes dos quais ele não se lembra e a resgatar episódios e experiências que ficaram muito afastados para que ele os evoque por si próprio. Não se esqueça de recapitular, no fim do dia, as experiências mais significativas e de aproveitar a sua tendência natural para recordar melhor o que é positivo, sem deixar de prestar atenção às recordações negativas sobre as quais a criança precisa falar.

22
Linguagem

"Se quer que o seu filho seja inteligente, leia-lhe histórias. Se quer que seja mais inteligente, leia-lhe mais histórias."

Albert Einstein

Se há uma capacidade que o cérebro da criança adquire de forma parecida a como uma esponja absorve a água é a capacidade de compreender e expressar ideias e conceitos por meio da palavra. De forma imperceptível, a criança passa os seus primeiros meses de vida aprendendo a distinguir os diferentes sons da voz, procurando entender onde acaba uma palavra e começa a seguinte e reconhecendo esses sons em diferentes objetos, momentos, situações e, inclusive, em sentimentos. Embora o seu cérebro tenha passado quase um ano a associar sons e ideias, aos olhos do adulto a criança começa a entender como por arte de magia. Desde esse momento mágico em que a criança é capaz de olhar para a mãe quando ouve a palavra "mãe", o seu cérebro começa a compreender que, de alguma forma, ela também é capaz de produzir sons. De fato, sempre que o observa a dizer uma palavra, o seu cérebro imagina como deve articular a sua boca para reproduzir o mesmo som. Pouco a pouco começa a controlar a posição e a força com a qual aperta os lábios para poder dizer "pai" ou "mãe". A partir desse momento, o cérebro da criança é uma explosão de sons, ruídos, palavras e significados. Quando tiver 16 anos, a criança conhecerá mais de 60 mil palavras, o que significa que terá aprendido vocabulário a um ritmo de dez palavras por dia, embora na verdade saibamos que entre os 2 e os 5 anos adquire vocabulário a um ritmo de 50 palavras por dia. É difícil para nós compreender como é que pode aprender tantas em tão pouco tempo, mas o cérebro da criança vai incluindo cada palavra que ouve em todo o tipo de conversas e contextos.

    Há milhares de anos que as diferentes gerações transmitem os seus conhecimentos através da linguagem. Por mais inteligente que fosse um médico ou um arquiteto, não poderia realizar o seu trabalho se não tivesse recebido informação dos seus antepassados sobre como operar ou construir. Os cientistas estão de acordo em como a linguagem foi essencial e permitiu ao ser humano desenvolver todo o seu potencial. De forma semelhante, a linguagem tem uma enorme importância no desenvolvimento da inteligência do seu filho. Graças à linguagem, ele vai poder adquirir conhecimentos e transmiti-los. É a ferramenta mais importante que terá ao longo da sua vida para aprender, relacionar-se e conseguir aquilo que deseja. Quando escrever a sua carta ao papai noel, quando fizer um exame ou quando, talvez um dia, decidir declarar-se ao amor da sua vida, a linguagem será a ferramenta que lhe permitirá concretizar os seus sonhos. Essa versatilidade da linguagem, que nos ajuda a adquirir conhecimentos e a transmitir ideias, converte-se em uma das capacidades mais importantes para o desenvolvimento da inteligência. De fato, a riqueza de vocabulário é a variável que mais influencia o quociente de inteligência.

Embora a linguagem se adquira, de certa forma, de uma maneira natural, a verdade é que do ponto de vista cerebral é uma tarefa extremamente complexa. Pelo menos seis áreas do cérebro devem coordenar-se sempre que dizemos uma palavra ou interpretamos um texto. Essas estruturas localizam-se no hemisfério esquerdo e realizam tarefas tão diferentes como analisar sons, distingui-los, interpretar o seu significado, armazenar vocabulário, identificar palavras escritas, procurar palavras no armazém do vocabulário, construir frases com sentido ou realizar movimentos de lábios, língua e cordas vocais que permitam criar as palavras.

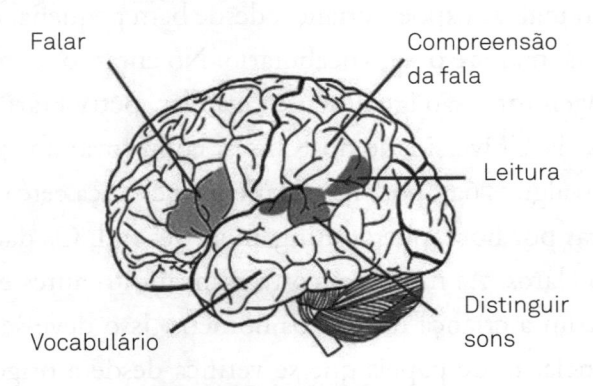

Hemisfério esquerdo

- Falar
- Compreensão da fala
- Leitura
- Distinguir sons
- Vocabulário

A verdade é que, embora o cérebro da criança absorva o vocabulário e as regras da linguagem de forma natural, isto não aconteceria sem a ajuda dos adultos. Sabemos que os pais têm uma grande influência no desenvolvimento de uma função tão complexa como a da linguagem. As suas conversas diárias contribuem para enriquecer o vocabulário, melhorar a compreensão e organizar o discurso, mas outros aspectos, como a sua atitude diante da leitura, podem levar a criança a dominar a linguagem, uma ferramenta fundamental para ultrapassar dificuldades. Em seguida, apresentarei algumas estratégias que podem ajudar o seu filho a desenvolver uma linguagem mais rica.

Fale muito com ela

Falar com a criança é dar-lhe a oportunidade de aprender a linguagem. Os especialistas estão de acordo sobre quanto mais se expõe a criança, desde bem pequena, a novas palavras, maior é o seu vocabulário. No entanto, nem todos os progenitores são igualmente tagarelas. Betty Hart e Todd Risley, da Universidade do Kansas, comprovaram que, enquanto alguns pais podem trocar com a criança cerca de 300 palavras por hora, outros atingem as três mil. Os dados são muito claros. As mulheres conversam muito antes e muito mais com a criança do que os homens. Isso deve-se a uma diferenciação de papéis que se verifica desde a origem dos nossos tempos. Enquanto os homens iam caçar em pequenos grupos que avançavam em silêncio pelo bosque para não assustar os animais, as mulheres juntavam-se na aldeia para cuidar das crianças e conversar animadamente. Basta ir a um parque para verificar que os tempos não mudaram muito. Em todos aos quais vou acontece sempre a mesma coisa. Para cada três ou quatro mães que estão cuidando dos filhos, costuma haver apenas um pai. Isto não é uma observação, é um fato. A maior especialização da mulher em tarefas de comunicação forneceu ao seu cérebro, ao longo da evolução, mais 200 milhões de neurônios nas áreas cerebrais da linguagem do que no caso do homem. Essa é talvez a maior diferença que há entre o cérebro do homem e o da mulher e, sem dúvida, eu o convidarei, se é homem, a observar como as mulheres da sua família se comunicam com a criança.

Desde o nascimento, você pode falar com o seu filho, calmamente, mas de uma forma fluente. Os pais não costumam saber o que dizer a um bebê que não responde e, no entanto, são muitas as coisas que podem fazer. Você pode descrever o que está vendo pela casa, explicar-lhe o que está cozinhando, o que fez no trabalho ou simplesmente descrever-lhe o que está acontecendo no jogo de futebol. Também pode parar um minuto para lhe dizer como se sente nesse dia em particular; não se esqueça de que enriquecer o vocabulário da criança com sentimentos vai ajudá-la a desenvolver a sua inteligência emocional. Tente falar de frente para a criança para que ela olhe para você enquanto fala, pois grande parte do desenvolvimento da fala acontece graças à imitação da posição dos lábios e da língua. Da próxima vez que falar com uma criança com menos de um ano repare nos seus olhos; olham principalmente para a sua boca, em uma tentativa instintiva de aprender como você faz esses sons tão divertidos que conseguem chamar a atenção de outras pessoas.

Amplie o seu universo

É importante não limitar a comunicação ao meio mais próximo. Muitos pais e mães passam os primeiros meses numa espécie de bolha em que todo o universo da criança se limita às quatro paredes da sua casa, ao parque e ao supermercado. A criança vai desfrutar ao encontrar diferentes meios e pessoas que enriqueçam as suas capacidades linguísticas. Estar exposta a objetos e situações diferentes das que pode encontrar na segurança do seu lar vai aumentar o seu vocabulário. Não interessa se você vai à loja de ferragens, comprar um tapete ou resolver uma questão financeira em um banco. Leve o bebê com você e permita-lhe aprender no mundo real. Da mesma forma, decifrar os sons de diferentes pessoas, cada uma com o seu sotaque e a sua forma de pronunciar, fará com que a criança aperfeiçoe a sua capacidade de assimilar os sons da sua língua – ou até de outras línguas. Ampliar o círculo social da criança não só melhorará a sua capacidade para compreender mensagens, como enriquecerá o seu vocabulário. Para lhe dar um exemplo mais simples, talvez na sua casa cozinhe com fogão a gás e na casa dos seus pais tenham um fogão a lenha. Esta pequena discrepância permitirá que, se for à casa dos seus pais, o seu filho esteja exposto a palavras como "lenha", "fósforo" ou "fumaça". Se, além disso, vocês vivem em outro bairro ao qual têm de ir de carro, o seu filho ouvirá as palavras "estacionamento", "parquímetro" ou "bilhete". O contato com outras pessoas é uma fonte segura de enriquecimento da linguagem, pois cada pessoa com a qual estiver em contato trará outros mundos ao universo da linguagem do seu filho. Outra maneira de ampliar o seu universo é com canções e leitura, pois são uma forma eficaz de expor a criança a novas palavras, que ouvirá repetidamente desde pequena. Recupere canções da sua infância e cante-as com o seu filho, arranje discos de música infantil e ouça-os em casa ou no carro. As crianças vão aprender as letras de cor e ampliarão o seu vocabulário de forma divertida.

Divirta-se com as instruções

Este é um jogo que faço de vez em quando com os meus filhos e do qual os três gostam. Cada um com a sua idade e a sua complexidade. Seguir instruções é a coisa mais difícil do que possa parecer à primeira vista. Para seguir uma instrução, o cérebro tem de pôr em funcionamento um complexo mecanismo que, essencialmente, é o mesmo que temos de seguir quando montamos um móvel. Inicialmente, tem-se de perceber diferentes partes da mensagem. Para isso,

O cérebro da criança explicado aos pais

é preciso recuperar da sua memória diferentes significados. Se, por exemplo, as instruções de montagem indicam que deve encaixar quatro parafusos na parte posterior da tábua superior de uma estante, o seu cérebro terá de realizar um processo complexo. Em primeiro lugar, deverá identificar os parafusos certos e distingui-los dos demais. Em segundo lugar, é preciso contar, até chegar a quatro, separá-los do resto e não esquecer o lugar onde estão. Em seguida, tem de se lembrar de que é preciso encontrar a tábua superior e identificar a parte posterior, de acordo com as indicações do desenho. Só então poderá ir buscar os parafusos e encaixá-los na peça de madeira. Para uma criança de 1 ano, entender que deve pôr a sua fralda no cesto de lixo pode ser algo tão complexo como isto e, para a de 5, compreender que para preparar a *pizza* deve pôr primeiro o tomate, depois o queijo e por último os ingredientes aos pouquinhos pode ser tão complicado como para você montar a estante.

Consequentemente, dar instruções pode ser um jogo complexo e estimulante para melhorar a compreensão e a capacidade do seu filho de trabalhar com as palavras. Você vai ficar surpreso com o quão difícil pode ser para eles seguir instruções quando puserem a mesa juntos, quando estiverem arrumando a mochila para ir para a escola ou, simplesmente, quando estiver ajudando-o a arrumar os brinquedos. Uma frase tão simples como: "Guarde os carrinhos na caixa grande" vai implicar todo o esforço de uma criança de 2 anos, e outra mais complexa como: "Ponha o leite na caneca, coloque duas colheres na mesa e vai tirar dois guardanapos da segunda gaveta" vai ser um autêntico desafio para uma criança de 5. Além de praticar com as tarefas quotidianas, você também pode brincar com os seus filhos dando-lhes instruções divertidas como: "Dê um salto, depois bata palmas e acabe com uma pirueta. Está preparado?". Tanto nos jogos como na vida quotidiana é possível adequar a duração e a complexidade das instruções à capacidade do seu próprio filho, e repeti-las sempre que for necessário para que a criança entenda o que tem de fazer. Se a ajudar a prestar atenção quando estiver passando as instruções e também quando reparar que não as entendeu ou que não reteve toda a mensagem, verá como ele progride rapidamente. Ajudar o seu filho a seguir instruções vai fazer com que ele melhore a sua capacidade de concentração, de trabalhar mentalmente com a linguagem e, além disso, é uma maneira fantástica de desenvolver a sua responsabilidade e a colaboração nas tarefas domésticas.

Expanda as suas frases

A linguagem não é só vocabulário. A gramática permite combinar as palavras para construir significados e é uma função um pouco mais difícil de adquirir. Um dos aspectos mais interessantes da gramática é que, se combinarmos as mesmas palavras de diferentes maneiras, podemos criar significados totalmente opostos. Por exemplo, a frase "A Valentina não quer gomas porque está zangada" tem uma interpretação diferente da frase: "A Valentina está zangada porque não quer gomas". No primeiro caso, a tristeza é uma causa e no segundo uma consequência. No caso de não querer gomas porque está zangada, a sua irmã mais velha vai tentar consolar a Valentina dando-lhe um abraço, enquanto se a Valentina estiver zangada porque não quer gomas a irmã pode propor-lhe trocar as gomas pelo seu pacote de batatas fritas, porque percebeu perfeitamente que as gomas eram o problema.

Encontrar uma conclusão como aquela à qual chegou a irmã mais velha da Valentina requer o domínio das regras da linguagem, embora seja acessível para uma criança de 4 ou 5 anos de idade. No entanto, há uma grande diferença entre serem capazes de compreender as regras da linguagem e serem capazes de utilizá-las para construir frases e parágrafos que transmitam exatamente o que querem dizer. Quando a criança faz 2 anos de idade, podemos ajudá-la a expandir as suas expressões acrescentando adjetivos ou verbos. Por exemplo, se o nosso filho aponta para um cão que corre atrás de uns pombos e diz "Um cachorro", nós podemos responder com uma frase um pouco maior incluindo um verbo, um adjetivo e um advérbio: "Sim! É um cachorro muito brincalhão." À medida que a criança cresce, podemos ampliar as suas frases de forma mais extensa se a ajudarmos a acrescentar conteúdo ou se conseguirmos que construa frases mais complexas, como nos exemplos seguintes:

Gabriela: Vi um passarinho.
Mãe: Sim!!! Vimos um passarinho que estava voando, não foi?

Martim: O carro do papai "é quebrado".
Pai: Sim, tens razão, o carro do papai está quebrado e tivemos de levá-lo à oficina.

Como você pode ver, o pai não assinala os erros da criança, pois simplesmente devolve-lhe a mesma mensagem, mas de maneira correta. Os especialistas em aquisição da linguagem garantem que, a não ser que seja um erro muito reiterativo, corrigir as frases da criança sem assinalar explicitamente que cometeu um erro é a melhor forma de ajudá-la a interiorizar e a utilizar a gramática adequadamente, e a evitar que se sinta insegura na utilização da linguagem.

Incuta nos seus filhos o amor pela leitura

Há um provérbio que diz que se é capaz de ler esta frase deve agradecê-lo a um professor. É verdade que se aprende a ler na escola, mas, sem sombra de dúvidas, o amor pela leitura é uma coisa que se semeia e cresce no colo dos pais. Há muitos cursos que prometem ensinar a ler com 3 ou 4 anos. Não há nenhum estudo que indique que aprender a ler em idades tão precoces seja benéfico para a criança. No entanto, sabemos que as crianças que desfrutam da leitura, aquelas que crescem gostando de livros, têm um vocabulário mais rico, compreendem melhor o que leem, escrevem melhor e cometem menos erros de ortografia. O meu editor gosta de comentar outro dado que me parece extremamente interessante. De acordo com os últimos dados coletados no relatório Pisa – uma análise internacional do desempenho dos estudantes – as crianças que vivem em casas onde há 200 livros ou mais obtêm um aproveitamento escolar 25% maior do que aquelas que vivem em casas com poucos livros – dez ou menos. Não é de estranhar que em 2015 a vencedora do Global Teacher Prize (equivalente ao Prêmio Nobel de educadores e professores) tenha sido Nancie Atwell, uma professora cujo principal mérito foi incutir o amor pela leitura nos seus alunos e conseguir que lessem uma média de 40 livros por ano, em face dos oito que leem em média noutras escolas. Isso significa que todas as semanas os seus alunos leem um livro diferente. Uns dias antes de receber o prêmio, esta professora do Maine (Estados Unidos) revelou em uma entrevista o segredo do seu sucesso: "Não é mais do que deixar que a criança escolha todas as semanas o livro que mais lhe apetece ler". É simples, não é?

O momento de leitura é um momento mágico para o pai e para a criança. Sentadas no colo do pai ou da mãe ou deitadas na cama, as crianças que ouvem histórias todos os dias conhecem mais palavras, têm a agilidade para reconhecer palavras escritas e adquirem o hábito da leitura diária. Tente fazer desse momento algo especial; deixe que os seus filhos escolham a história que querem que lhes leia, entusiasme-os e interprete as personagens. Sei que o cansaço pode implicar que tenha de fazer um esforço adicional e que, em muitos casos, pode ser vencido pelo sono. Contudo, o esforço vale a pena. Além disso, o momento da história proporciona uma oportunidade única para construir vínculo e memória. Quando estamos deitados com o nosso filho ou o temos nos braços, o contato dos corpos e o próprio beijo de boa noite vão ajudar a gerar a oxitocina, que, caso não se lembre, é o hormônio do amor, aquele que nos faz sentir unidos a outra pessoa e seguros. A leitura de uma história é o meu momento preferido para mergulhar no mundo das recordações, e tento ajudar meus filhos a desenvolverem um estilo de pensamento positivo. Todas as noites, antes de adormecer, recapitulamos o dia, acrescentamos detalhes às suas recordações e tentamos centrar-nos em duas ou três coisas boas ou divertidas que aconteceram durante o dia.

Recapitulando

A linguagem é uma função complexa e a principal ferramenta para que o seu filho se desenvolva com sucesso na escola e na vida. Fale com ele, aumente o seu vocabulário e as suas frases, corrija-o sem assinalar os seus erros e dedique todos os dias um momento à leitura. Essa atitude o ajudará a dominar a ferramenta da linguagem e fará com que cresça nele o amor pela leitura, um caminho seguro para observar

O cérebro da criança explicado aos pais

o mundo e desenvolver a sua inteligência. Neste capítulo, despeço-me convidando-o a procurar histórias clássicas, singulares e divertidas, e a desfrutar nesta mesma noite do momento da história com o seu filho.

23
Inteligência visual

"Estudos demonstraram que 90% dos erros no pensamento são originados por erros na percepção."

Edward de Bono

A percepção espacial é a capacidade para perceber e interpretar as formas e o espaço que nos rodeia. É a capacidade que põe em funcionamento quando o seu filho lhe pede para desenhar, por exemplo, um dragão. Se você está lembrando das aulas de desenho e pensando que essa é a capacidade que um arquiteto ou um engenheiro utilizam para elaborar planos e desenhar objetos, está correto. Muitos pais prestam pouca ou nenhuma atenção a essa forma de entender e de pensar, pois consideram que é um componente da inteligência pouco útil para a vida real, a não ser que alguém se dedique precisamente a ser arquiteto ou engenheiro. Como você entenderá em seguida, não podiam estar mais enganados.

A capacidade para perceber, interpretar e construir figuras no espaço é uma das seis áreas essenciais que podem contribuir para o desenvolvimento intelectual do seu filho. Embora possa parecer que só os *designers* e os arquitetos é que precisam dessa capacidade no seu dia a dia, a verdade é que todos utilizamos as nossas capacidades espaciais com mais frequência e em mais âmbitos do que julgamos. Vejamos alguns exemplos. Como é evidente, todas as tarefas que implicam as artes plásticas ou o desenho linear se apoiam na capacidade que o seu filho tem de imaginar relações espaciais, mas há muitas outras competências que também dependem dessa capacidade. Provavelmente, você gostaria que o seu filho conseguisse escrever com uma letra clara e legível. Também é mais do que provável que prefira que ele não tropece na matemática ao longo da sua vida escolar, certo? A questão é que tarefas relativamente simples como saber escrever de forma legível, colocar os números no momento de resolver um problema ou fazer uma simples soma com agilidade podem ser uma missão impossível se a criança não for capaz de dominar mentalmente o espaço.

Mas, além da sua aplicabilidade concreta a uma ou outra área de estudo, pensar em forma de imagens faz com que a criança seja capaz de desenvolver um tipo de pensamento diferente do lógico, que todos conhecemos. Quando pensamos com palavras a nossa mente segue um discurso lógico, que é aquilo a que obrigam as leis da gramática. Porém, quando pensamos em imagens nós o fazemos de maneira mais intuitiva. É o tipo de inteligência que nos permite perceber como é uma pessoa que mal a conhecemos, saber como devemos resolver um problema sem conseguirmos perceber como chegamos a essa conclusão ou, também – e os pais vão adorar isto –, saber qual é o lugar mais adequado para colocar uma bola com o objetivo de que outro jogador a possa transformar em um gol. Outro motivo pelo qual as competências espaciais são tão relevantes no desenvolvimento intelectual da criança é que estas estão muito ligadas à inteligência social ou, o que é a mesma coisa, à capacidade do seu filho para desenvolver relações sociais com sucesso. Sempre que o seu filho se encontrar perante outra pessoa, o seu cérebro interpretará de forma inconsciente cada um dos seus gestos, caretas, expressões e silêncios para poder interpretar o grau de confiança que tem naquilo que está dizendo ou se as suas palavras esconderem segundas intenções. Isso acontece porque o cérebro não vê a realidade tal como é, tem de interpretá-la. Se você vê uma pessoa de perfil, não será capaz de ver o lado que esconde atrás da sua silhueta, mas o seu cérebro interpretará que a outra parte dela está ali. Da mesma forma, quando vemos um carro dificilmente podemos vê-lo por inteiro. É provável que possamos ver a parte da frente e uma parte da lateral, mas, de imediato, o cérebro interpreta que se trata de um carro completo. Com a interpretação das expressões o cérebro tem de fazer um esforço adicional. O cérebro pode centrar a sua atenção em diferentes traços do rosto, como a forma da boca e dos olhos e, a partir destes dados, interpretar a emoção ou as intenções dessa pessoa. Nesse sentido, a parte direita do cérebro encarrega-se de juntar todas as partes independentes e de lhe atribuir um sentido, tal como quando o seu filho constrói uma casinha com peças da Lego. Assim, a criança pode distinguir o pai do tio, porque um tem barba e o outro não, ou perceber quando a mãe está zangada, brincando ou séria, porque no primeiro caso os seus lábios estão menos apertados do que no segundo. Na ilustração a seguir você pode ver o processo de interpretação que o cérebro da criança tem de desenvolver quando interpreta a expressão facial de outra pessoa.

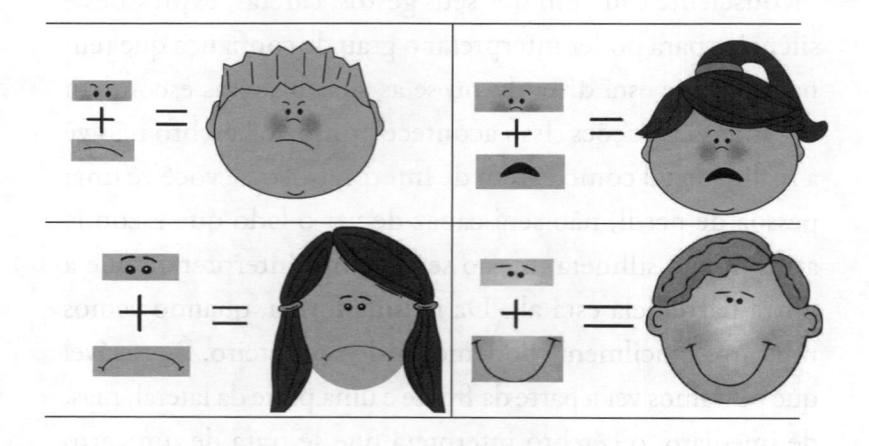

Diferentes estudos feitos com crianças do ensino pré-escolar demonstraram que existem diversas técnicas e estratégias que podem ajudar a criança a desenvolver a capacidade de entender e dominar as relações espaciais entre objetos, de tal forma que consiga interpretar melhor as expressões ou desenvolver, entre outras coisas, uma escrita mais clara e legível. Em seguida, especificarei as minhas preferidas.

Brinque com jogos de construções

Os jogos de construções são a principal ferramenta dos pais que querem ajudar os filhos a melhorar a sua capacidade de perceber e construir figuras no espaço. Qualquer criança gosta de *puzzles*, Lego ou do clássico jogo de blocos de construção. Porém, há muitas outras brincadeiras e estratégias divertidas que a ajudarão a compreender e a raciocinar melhor com as formas e os espaços.

Familiarize a criança com a linguagem visual

Sabendo da enorme plasticidade do cérebro no que se refere à linguagem, você pode ajudar o seu filho a compreender melhor o espaço se utilizar todos os dias palavras que se refiram à forma como diferentes objetos surgem no espaço que o rodeia. Pode utilizar adjetivos que descrevam o tamanho (grande, pequeno, alto, baixo, gordo, magro, grosso, fino, diminuto), a forma (curvo, reto, pontiagudo, rombo, circular, retangular, ovalado) ou o seu estado (cheio, vazio, torto). Também pode destacar a relação dos objetos no espaço utilizando as preposições. Assim, em vez de dizer: "Vou pôr o brinquedo aqui", pode tentar referir algo um pouco mais espacial como: "Vou pôr o brinquedo em cima da mesa", ou, em vez de dizer: "A boneca está guardada", pode dizer: "A boneca está guardada dentro do armário perto dos casacos".

Distinga entre direita e esquerda

O nosso cérebro tem sempre o nosso corpo como referência para se orientar. Se lhe digo para pensar no ponto cardeal "Norte", o mais provável é que pense em olhar em frente ou por cima da sua cabeça. Se sabe realmente onde está o Norte, provavelmente virou-se para poder orientar-se, fazendo com que o ponto cardeal se situe à sua frente. Um primeiro passo para favorecer a orientação em relação ao próprio corpo é ensinar a criança a distinguir com facilidade entre a direita e a esquerda. Em vez de virar a esquina e dizer: "Vamos por aqui", podemos dizer: "Vamos pela rua da direita". Podemos também indicar-lhe que a colher está à sua direita, pedir-lhe que levante a mão esquerda ou ajudá-la a pensar para que lado olha a letra bê.

Tenha o pensamento espacial à sua mente

Ajudar o seu filho a raciocinar sobre o espaço é uma grande ideia para que ele entenda as relações entre os objetos. Basta vestir o seu filho e levá-lo consigo às compras para lhe perguntar coisas como: "Por que lado se vestem as calças?", "O que fica mais longe, o supermercado ou a escola?", "Você acha que essa melancia cabe na sacola?", "O que ocupa mais espaço, a banana ou as quatro maçãs?".

Dr. Álvaro Bilbao

Brinque fazendo mapas

Muitas pessoas acharão que é uma loucura brincarem de criar e interpretar mapas com uma criança de 3 ou 4 anos de idade. Porém, para elas isso é fascinante e divertido. Logicamente, não se pode começar com o mapa do metrô de uma grande cidade. O mais conveniente e entretido para as crianças é começar desenhando o plano da divisão onde se encontram. Pode começar desenhando a planta – a forma da divisão – e depois o sofá ou a cadeira onde estão sentados. A partir daí, a criança poderá dizer-lhe que parte do desenho é a porta, a janela, a estante ou a televisão. Dessa forma tão simples as crianças aprendem a interpretar um mapa com perfeição. Noutro dia, podem fazer o mesmo, mas em um cômodo diferente, como a cozinha ou o seu quarto, e pouco a pouco podem continuar a avançar até desenhar a planta de toda a sua casa e do percurso que fazem para chegar à escola. Se pegam o transporte público, ver o percurso em um mapa pode ser uma excelente forma de a criança perceber que o que o desenho diz é o que vê todos os dias com os seus olhos. Também podem brincar com o mapa do mundo. Podem falar sobre os diferentes países e sobre as personagens que se encontram neles. Peter Pan em Londres, Ratatouille em Paris, Aladim na Arábia e Pocahontas nos Estados Unidos. Há muitas personagens, animais, árvores ou cenários naturais que o seu filho vai relacionar rapidamente com cada lugar do mundo.

Aplicativos e *videogame*

Provavelmente você já deve ter lido em algum artigo do jornal que os *videogames* são fantásticos para desenvolver as capacidades visuais e perceptivas da criança. Nesses aplicativos você poderá encontrar todo o tipo de *puzzles* e quebra-cabeças para que o seu filho utilize os neurônios ao jogar. A verdade é que não me lembro de nenhum artigo científico que relacione o fato de jogar através desses aplicativos com uma maior destreza visual e perceptiva. Há três artigos que relacionam jogar *videogames* com uma maior velocidade para detectar e processar informação visual, mas são estudos realizados com crianças maiores. Não há nenhuma evidência a favor da sua utilização em crianças pequenas e, no entanto, há evidências em sentido contrário. Contudo, os *videogames* são sempre uma tentação tanto para as crianças como para os pais. O desafio é escolher um que seja adequado para uma criança com menos de 6 anos. Devo recordar-lhe que no Capítulo 26 tem uma relação completa de todos os *videogames* e dos aplicativos para *smartphones* e *tablets* que, na minha opinião, podem ser benéficos para uma criança entre 0 e 6 anos de idade. Por favor, não deixe de consultá-la sempre que for necessário.

Brinque de fazer caretas

As crianças adoram fazer caretas, sobretudo se isso for uma desculpa para fazerem expressões divertidas e rirem. Está demonstrado que decifrar e interpretar expressões emocionais ajuda a desenvolver a inteligência social. Você pode brincar com elas fazendo caretas enquanto jantam ou escovam os dentes. Quando a criança tem apenas 2 anos pode começar a fazer um ar contente, triste, zangado ou surpreendido, e pouco a pouco pode aumentar a lista com emoções mais complexas, como a indecisão, o aborrecimento ou o nervosismo. As que não podem faltar em nenhuma idade são as duas caretas preferidas de todas as crianças: a de monstro e a de louco!

Recapitulando

A percepção é a porta através da qual interpretamos o mundo. Os benefícios de uma boa capacidade de raciocínio visual ou espacial vão ajudar o seu filho a desenhar e a escrever melhor, a dominar a matemática, a ser capaz de interpretar as expressões dos outros e a desenvolver um estilo de pensamento mais intuitivo. Brinque com o seu filho de compreender e dominar as relações espaciais e conseguirão atingir isso tudo.

24
Autocontrole

> "Quem é capaz de domar seu coração, é capaz de conquistar o mundo."
>
> Paulo Coelho

Na década de 1960, Walter Mischel, um psicólogo da Universidade de Stanford, concebeu uma experiência maquiavélica para comprovar a capacidade de autocontrole de crianças de 4 a 6 anos de idade. A experiência era muito simples: sentaram cada criança em uma cadeira em frente a uma mesa na qual havia um prato com *marshmallow*. O investigador deu ao pequeno instruções muito simples: "Você pode comer o *marshmallow* se quiser, mas se esperar 15 minutos e não o comer, eu dou-lhe outro. Então você poderá comer dois *marshmallows* em vez de um." Assim que o investigador saiu da sala, começou a ser evidente que a tarefa era muito difícil para as crianças. Os sinais de nervosismo começaram de imediato. A que não coçava a cabeça, mexia as pernas de cima para baixo. Algumas balançavam-se da esquerda para a direita e outras da frente para trás, como uma cadeira de balanço. Algumas lançavam olhares furtivos ao *marshmallow* e outras observavam-no fixamente. Quase todas elas tocaram na guloseima várias vezes com a mão esquerda – aquela que controla o hemisfério mais impulsivo e emocional –, enquanto tapavam os olhos com a mão direita, controlada pelo hemisfério racional. Aproximadamente um terço delas superou o desafio graças a um esforço titânico de autocontrole; o resto do grupo, embora tenha tentado com todas as suas forças, não conseguiu resistir à tentação durante os 15 minutos necessários para obter o segundo *marshmallow*.

Essa experiência destaca como é difícil para o cérebro ter autocontrole. Para o conseguir, o lobo frontal deve assumir o controle absoluto, dominar a parte emocional e instintiva do cérebro e combater a frustração e a fome. Para poder ter este controle, o lobo frontal precisa consumir grandes quantidades de glicose. Quanto mais tempo o lobo frontal se esforça por evitar a guloseima, mais açúcar pede, o que torna a guloseima cada vez mais apetecível, e converte o jogo em uma luta de forças extenuante. Se você alguma vez fez dieta ou deixou de fumar sabe bem do que estou falando. A verdade é que, independentemente da tarefa, ter autocontrole é realmente difícil para o cérebro; uma capacidade de alto nível que requer treino ao longo de toda a vida.

Contudo, o mais interessante desta investigação aconteceu vários anos depois da experiência. Os investigadores chamaram os pais das crianças cerca de 15 anos depois – já tinham entre 19 e 21 anos –, e recolheram várias informações sobre a sua vida acadêmica e social. Para surpresa dos investigadores, a quantidade de minutos que a criança tinha aguentado sem comer o *marshmallow* estava altamente relacionada com os resultados dos exames nacionais e com a nota média escolar. As crianças que mostraram mais autocontrole no ensino pré-escolar obtiveram melhores resultados acadêmicos ao longo de todo o período escolar. Ao atingirem a maioridade, os pais dessas crianças descreviam-nas como responsáveis e acessíveis, muito mais do que as que não conseguiram esperar. Diferentes estudos contestaram esta investigação e todos chegam à mesma conclusão: quanto maior é a capacidade de autocontrole da criança, maior será o seu êxito acadêmico e a sua integração social.

Inteligência executiva

O autocontrole é uma das capacidades intelectuais que se engloba dentro do que conhecemos como "inteligência executiva". A inteligência executiva é o conjunto de capacidades que permitem à pessoa definir metas, realizar planos para as atingir, desenvolver esses planos e avaliar os resultados. Em certo sentido, a inteligência executiva exerce as funções de um maestro que dá protagonismo aos diferentes instrumentos dos quais o cérebro dispõe e controla quem deve tocar em cada momento.

A parte da frente do cérebro, aquela que interioriza as normas, também tem essa capacidade de autocontrole, o que faz com que os problemas se resolvam de acordo com as normas estabelecidas e permite que o cérebro racional controle a parte emocional quando é necessário. Essas funções, as mais complexas que o cérebro humano exerce, criam-se principalmente durante a adolescência e a vida adulta, embora comecemos desde muito pequenos a estabelecer as bases do seu desenvolvimento cultivando o autocontrole, exercendo responsabilidades, aprendendo com as nossas próprias decisões e controlando as nossas ações.

Dessa forma, tal como aconteceu com a experiência que acabamos de ver, a criança que começa a desenvolver a sua inteligência executiva é capaz de se controlar e de não gastar o dinheiro que a mãe lhe deu na primeira loja que vê, com o objetivo de chegar a outra loja onde possam ter as figurinhas de que mais gosta. Como você pôde verificar, mais uma vez, a capacidade de tolerar a frustração e de conectar o cérebro emocional com o racional permite à criança satisfazer as suas necessidades com mais sucesso. Uma maior capacidade de autocontrole também é essencial na prevenção de distúrbios comportamentais e na prevenção e no tratamento da perturbação de déficit de atenção. Afinal de contas, nos dois casos o problema está numa fraca capacidade de controle, que não permite dominar a raiva, a frustração ou a própria concentração. Mas como podemos ajudar a criança a adquirir autocontrole? Uma opção seria comprar um saco de *marshmallows* e praticar 15 minutos todos os dias. Contudo, julgo que isso seria demasiado açucarado e pouco eficaz. A seguir proponho-lhe várias estratégias que o ajudarão a cultivar o autocontrole no dia a dia.

Superar a frustração

A primeira coisa que você pode fazer para a criança realmente pequena é ajudá-la, pouco a pouco, a dominar a frustração. Para conseguir isso, não há outro remédio do que expor a criança a um certo nível de frustração. Tente acalmar as suas necessidades rapidamente, mas não com urgência, confie no seu bebê. Ele consegue suportar algum incômodo. Quando precisar mudar a fralda, mamar ou se deitar porque está cansado, satisfaça as suas necessidades, mas não fique angustiado. Dessa forma, só estará a ensinar-lhe que sentir incômodo é angustiante. Quando estiver nervoso, ajude-o a acalmar-se, para ele aprender a fazê-lo um dia sem a sua ajuda. Pegue-o ao colo para que se sinta protegido. Acalme-se e fale com ele ou cante-lhe em um tom suave. Diga-lhe com calma e confiança que o que ele quer está prestes a chegar, ajude-o a concentrar-se em algo que desvie a sua atenção do incômodo. Tente estar a seu lado sem sentir angústia ou culpa, mas sim confiança e empatia. À medida que ele cresce, assegure-se de impor limites que deve respeitar. As regras na casa, as normas à mesa e os horários para ver televisão vão ajudar o seu cérebro a entender que não pode ter sempre tudo, e isso vai servir como treino para aprender a acalmar-se quando estiver irritado. Lembre-se de que no momento de impor limites é muito importante mostrar-se calmo e afetuoso. Também é importante que você entenda que não é bom impor mais normas do que aquelas que o cérebro da criança consegue gerir. Proporcione-lhe tempo livre de normas – ou com poucas normas –, bem como atividades físicas que a ajudem a canalizar toda a sua energia e frustração para as situações adequadas.

Controlar o presente

Para uma criança, realizar tarefas relativamente simples como vestir-se ou guardar os brinquedos pode ser muito complicado. Estas e outras tarefas são compostas por passos pequenos que a criança deve realizar de forma encadeada, e isso pode ser complicado para ela. Para a ajudar a controlar o presente podemos dar-lhe algumas indicações, como transmitir-lhe instruções, passo a passo, pedir-lhe que diga em voz alta o que vai fazer ou facilitar-lhe as coisas ao dividir uma tarefa mais complexa em passos menores. Dessa forma, se pensar em sequências lógicas, poderá sentir que controla a situação, em vez de se sentir preocupado. Vejamos um exemplo. Amanhã é o aniversário da mãe do Álvaro e ele está decidido a fazer-lhe um delicioso bolo. Sabe que tem de fazê-lo com iogurte, açúcar e ovos, e que precisa de um grande recipiente para misturar tudo. No entanto, não sabe por onde começar. Felizmente, o seu pai está ali para dividir a tarefa em passos menores e, dessa forma, facilitar aquilo que parece difícil.

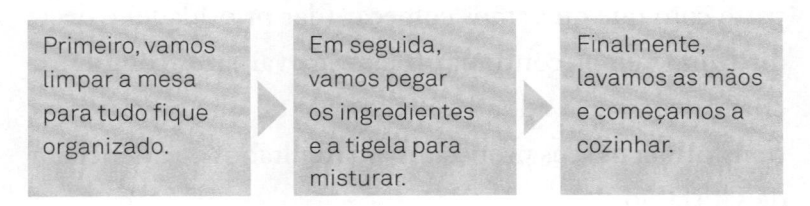

| Primeiro, vamos limpar a mesa para tudo fique organizado. | Em seguida, vamos pegar os ingredientes e a tigela para misturar. | Finalmente, lavamos as mãos e começamos a cozinhar. |

Com esta simples explicação, Álvaro sabe por onde começar e pode controlar o seu dedicado trabalho de cozinheiro. Se ensinarmos os nossos filhos a realizarem tarefas de forma organizada, estaremos a ajudá-los a sentirem-se menos perdidos, a ganharem autocontrolo, mas também a aumentarem as suas capacidades de resolver problemas complexos, pois sabemos que as pessoas com mais capacidade para enfrentar tarefas complexas se caracterizam pela boa organização e pela aptidão para dividir as tarefas difíceis em etapas. É possível verificar a eficácia dessa estratégia convidando o seu filho para fazer um *puzzle* simples em três passos.

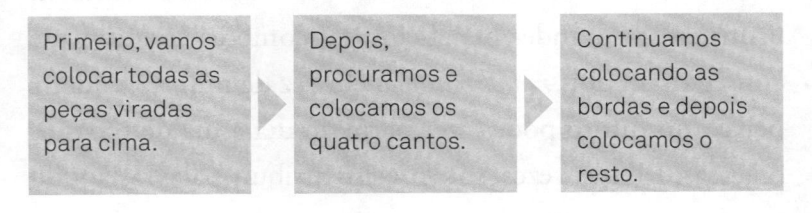

| Primeiro, vamos colocar todas as peças viradas para cima. | Depois, procuramos e colocamos os quatro cantos. | Continuamos colocando as bordas e depois colocamos o resto. |

A estratégia funciona sempre da mesma forma, quer seja posta em prática ao fazer um bolo, um *puzzle* ou na preparação de convites para uma festa de aniversário. Ter o terreno livre para trabalhar (preparar), decidir qual é a parte com que queremos começar (dar prioridade) e decidir como vamos continuar (planejar) vai fazer com que a criança comece a adquirir o controle de que precisa para transformar os seus propósitos em resultados que a encham de satisfação.

Controlar o futuro

Uma das competências mais determinantes na evolução humana foi a nossa capacidade de conhecer o futuro. Os nossos antepassados aprenderam a ler as pegadas para poder imaginar onde estavam os animais que queriam caçar. Hoje em dia, prevemos o clima, as mudanças de ciclo político ou a chegada de doenças com o único objetivo de controlar o nosso destino. Em menor escala, as pessoas que são capazes de prever as dificuldades, poupar ou trabalhar hoje para receber uma recompensa amanhã também usufruem de grandes benefícios, tal como as crianças que conseguiram dois *marshmallows* em vez de um. Aprender a pensar no futuro pode fazer parte do dia a dia de todas as crianças. Muitas vezes, só é preciso atribuir palavras àquilo que fazemos e conversar com a criança sobre o amanhã. Por exemplo, a mãe da Júlia pode dizer-lhe de manhã: "Vamos deixar a chupeta na almofada para a pegarmos quando formos nos deitar", e, à noite: "Vamos fazer xixi antes de nos deitar para não fazermos na cama". O pai do Mário, por sua vez, pode ajudar o filho a preparar a mochila da escola se guardar os lápis de cor e o lanche de que vai precisar ao longo do dia. Também podemos ajudar a criança a prever as consequências das suas ações, fazendo-a ver o que pode acontecer se agir de uma ou de outra forma.

Descontrole

Uma parte importante e bela do autocontrole consiste em saber quando é bom ou não pô-lo em prática. Você concordará comigo em que o autocontrole pode ser um autêntico obstáculo em uma noite de paixão com o seu companheiro ou no momento de celebrar o aumento do salário. O lobo frontal não tem apenas a responsabilidade de pôr em funcionamento o autocontrole, mas também deve decidir quando aplicá-lo. De pouco serviria ensinar uma criança a ser disciplinada se ela não soubesse soltar-se jogando bola ou desfrutar sem reservas da sua festa de aniversário. Nesse sentido, quero pedir-lhe que se lembre do "princípio do equilíbrio": embora o autocontrole seja provavelmente a capacidade cognitiva que melhor prevê o êxito acadêmico e social, uma das suas maiores virtudes está precisamente em saber quando aplicá-lo ou não. Pode ajudar o seu filho a entendê-lo se reforçar o seu autocontrole em situações em que considere adequado tê-lo. Logicamente, o seu comportamento não pode ser o mesmo quando estiverem em um piquenique no campo e quando forem jantar em um restaurante. Expor a criança a diferentes pessoas, contextos e situações e explicar-lhe sempre quais são as normas que imperam pode ajudá-la a entender os diferentes graus de autocontrole que deve mostrar em cada momento. Também pode ajudá-la a saber perder o controle ao dar-lhe rédea solta quando puder tê-la. Dar rédea solta não significa explicar à criança o que pode fazer ou não, mas simplesmente deixá-la fazer o que quiser sem que sinta a sua presença ou aprovação. Achar que está coibida, pode incentivá-la a fazer bobagem ou a ser trapalhona, a pegar os doces que quiser ou a zangar-se livremente; mas, sobretudo, deve ajudar os seus neurônios-espelho, aqueles que são capazes de refletir os seus comportamentos no seu cérebro, libertando-se e desfrutando ao máximo quando achar que a situação é propícia para isso. Quando os meus filhos me ouvem dizer "Loucura total!!!", entram imediatamente em "modo diversão" porque sabem que vou quebrar alguma norma para desfrutar sem controle.

Recapitulando

O autocontrole é a capacidade de saber dominar a frustração, de adiar a satisfação e de aprender a organizar as nossas ações para conseguirmos atingir as nossas metas.

Dr. Álvaro Bilbao

Ajudar o seu filho a tolerar a frustração, a cultivar a paciência, a planejar ordenadamente como vai resolver um problema ou a pensar no futuro pode contribuir para o domínio do autocontrole. Para isso, uma estratégia efetiva é estabelecer limites claros e proporcionar momentos em que a criança possa desfrutar livre de normas.

25
Criatividade

> "Todas as crianças nascem artistas. O difícil é continuarem a sê-lo quando crescem."
>
> Pablo Picasso

Nós, neurocientistas, acreditamos com paixão que o verdadeiro tesouro da mente humana é a sua capacidade para se adaptar e resolver problemas novos. As duas capacidades dependem em grande parte da criatividade. Podíamos dizer que a capacidade de imaginar e de inventar são patrimônio das crianças e, no entanto, a sua habilidade criativa é como a sobrevivência dos pandas ou dos gorilas de montanha. Todos os anos que passam sem os protegermos, estes ficam mais perto da extinção. Não é uma especulação ou uma impressão sentimentalista. Numerosos estudos destacam que a criatividade, ao contrário de outras funções cognitivas, tem o seu ponto culminante na infância e vai se perdendo à medida que a criança cresce. É precisamente por isso que neste capítulo não lhe vou explicar como potenciar a capacidade criativa da criança, antes vou tentar explicar-lhe como pode a ajudar a preservá-la para desfrutar dela ao longo da vida.

O cérebro da criança explicado aos pais

Recentemente, nós, neuropsicólogos, interessamo-nos pelo estudo do fenômeno do "pensamento divergente". Essas duas palavras tão estranhas definem a capacidade de ver alternativas. Em um teste clássico de pensamento divergente dá-se a uma pessoa um tijolo e pede-lhe para pensar em todas as coisas para as quais poderia servir. Um adulto costuma ser capaz de encontrar uma média de 15 utilidades antes de ficar sem ideias. As pessoas altamente criativas, por exemplo, Júlio Verne, Coco Chanel ou Steven Spielberg são capazes de encontrar cerca de 200. O pensamento divergente não é sinônimo de criatividade, mas é uma capacidade intelectual muito importante no momento de sermos criativos. Por sua vez, a criatividade é muito mais importante nas nossas vidas do que julgamos. Qualquer pessoa – na sua vida, no seu trabalho, nas suas relações sociais ou afetivas – precisa de uma boa capacidade criativa. De fato, a criatividade está na base da própria inteligência tal como a definimos atualmente: "A capacidade de resolver problemas novos". Nesse sentido, uma pessoa pode ser muito eficaz e desempenhar as suas funções com dedicação, mas pouco criativa ou inteligente no momento de resolver questões novas. Hoje em dia, muitos pais, professores e empresas fomentam o primeiro modelo de pensamento em vez do segundo. Contudo, muito provavelmente esse modelo tira oportunidades dos nossos filhos. Como dizia Einstein: "A lógica pode levá-lo do ponto A até ao ponto B, a imaginação pode levá-lo a qualquer lugar".

Dr. Álvaro Bilbao

Sir Ken Robinson, provavelmente um dos defensores mais entusiastas dos novos sistemas de educação, tem uma teoria sobre o motivo pelo qual isto acontece. Os sistemas educativos atuais foram idealizados durante a época da Revolução Industrial e, portanto, concebidos para educar as nossas crianças tal como se montam carros em uma fábrica. Diversos especialistas apertam diferentes molas com um objetivo principal: que a criança aumente o seu rendimento ou eficácia no momento de resolver tarefas. Neste modelo, o principal foco de atenção centra-se em obter adultos mais produtivos e adequados às normas, mas não necessariamente mais criativos ou adaptáveis no momento de enfrentar a vida. Prova disso é um estudo que devia fazer todos os pais pensarem. Nele, foram realizados múltiplos testes em vários adultos e crianças para avaliar a sua capacidade de pensamento divergente e de propor soluções criativas para novos e velhos problemas e situações. Foram-lhes mostrados objetos, como uma roda ou um clipe, e pediram-lhes que indicassem o máximo de utilizações possíveis para esses objetos. Também lhes pediram que dessem o máximo de ideias possíveis para resolver problemas sociais e materiais. Como era de se esperar, os adultos deram as respostas mais apropriadas, mas as suas pontuações foram menores em quantidade e originalidade do que as das crianças. O que é realmente surpreendente é que a pontuação final das crianças do ensino pré-escolar foi quase 50 vezes superior à dos adultos. É muitíssimo. Nenhum adulto pode correr

50 vezes mais depressa do que uma criança de 5 anos. Os adultos também não podem aprender 50 vezes mais palavras em uma hora, enumerar 50 vezes mais animais em um minuto ou ter um vocabulário 50 vezes mais rico do que uma criança dessa idade. Com sorte, talvez possamos fazê-lo em uma relação de dobro ou de triplo, mas as crianças são 50 vezes mais imaginativas do que os adultos.

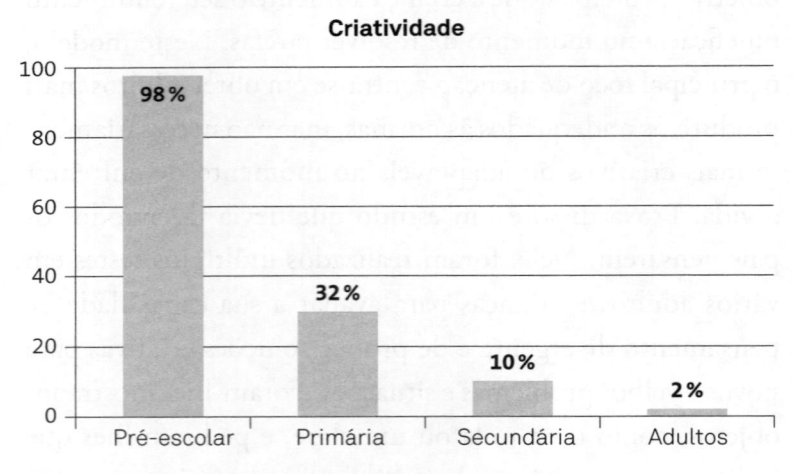

Criatividade

Pré-escolar	Primária	Secundária	Adultos
98%	32%	10%	2%

Fonte: George Land e Beth Jarman. *Breakpoint and beyond*.

Passar de uma pontuação de 98% para uma de 2% requer um grande mérito por parte de pais e educadores. Como se consegue que uma capacidade inata se desvaneça? A resposta é que mais do que um desvanecimento trata-se de um enterro. Em minha opinião – e dou-a nas conferências sobre criatividade de que participo –, todos somos extremamente criativos. Basta dormirmos para despertar a nossa abundante imaginação. A diferença entre o cérebro adormecido e o cérebro acordado é que, em grande parte, os limites, as regulações e o medo da censura desaparecem. O cérebro das crianças é mais criativo do que o dos adultos porque ainda não assimilou esse grande filtro de censura que são as normas e as conveniências sociais. Uma criança pode desenhar um dragão no Polo Norte, transformar um gato em astronauta ou o seu irmão em um porco-espinho, sem passar pelo crivo da proibição. A sua imaginação voa livre de complexos e de culpas. Porém, à medida que crescemos o nosso lobo frontal junta toda uma série de normas, regulações, regras, esquemas, ideais, arquétipos, protótipos e modelos que apagam ou enterram essa espontaneidade criativa com a qual tanto desfrutamos quando os nossos filhos são pequenos.

De qualquer forma, o desenvolvimento cerebral da criança não é o único responsável por essa mistura criativa. Os pais, os educadores, as escolas e os sistemas "educativos" também têm uma grande parte de responsabilidade. Todas as crianças têm de suportar ao longo da sua infância uma ladainha infinita de correções, otimizações, críticas, desaprovações, reprovações, censuras, burburinho e condenações que fazem com que ser criativo seja demasiado inconveniente e doloroso. Quando dizemos a uma criança: "Você fez isso muito bem", essa frase consolida a ideia de que o que é positivo é agir de acordo com o que está correto, sem sair daquilo que é esperado. Quando dizemos a uma criança, que diz uma coisa que não está prevista, frases como: "Que divertido!" ou "Muito boa ideia!", reforçamos a sua imaginação.

Um interessante estudo perguntou a uma série de professores quão importante era para eles que os seus alunos fossem criativos. Todos afirmaram que era muito importante. No entanto, quando pediram a esses professores que ordenassem as diferentes qualidades dos alunos – obediência, inteligência, disciplina, ordem, atenção, companheirismo, etc. – por ordem de importância, todos eles relegaram a criatividade para as últimas posições. Provavelmente, em casa os pais também devem dar prioridade a outras capacidades e preterir a criatividade. Em minha opinião, julgo que devemos fazer um esforço em casa e na escola para descontrair em relação às normas, alterar as expectativas quanto aos nossos filhos e deixar que a criatividade se expresse na vida cotidiana.

Hoje de manhã, meu filho de 5 anos desmontou o inalador que o médico acabou de lhe receitar por causa de um problema nos brônquios. Quando cheguei à cozinha, já atrasado para levá-lo à escola antes de ir trabalhar, deparei-me com a surpresa de ver que as seis peças do inalador estavam em cima da mesa. Veio-me de imediato uma pergunta à cabeça: "Por que você fez isso?" Provavelmente, isso seria o que os meus pais me teriam dito. Porém, talvez por estar envolvido por este capítulo, reconsiderei a tempo e disse-lhe: "Você está fazendo uma pesquisa?" Ele respondeu-me muito contente: "Sim." Eu disse-lhe: "Saber como funcionam as coisas e querer desmontá-las é um sinal de inteligência. Mas vamos deixar isto por aqui porque temos de ir para a escola. Esta tarde vamos montá-lo juntos". Em vez de sairmos de casa desanimados e zangados com a experiência do inalador, saímos com um sorriso de orelha a orelha. E chegamos a tempo à escola.

Comentários que matam a criatividade. Evite dizer…	Comentários que preservam a criatividade. Tente dizer…
"Isso não se faz assim".	"Que divertido!"
"Isso não está bem".	"Que boa ideia!"
"Você está enganado".	"Podes ensinar-me?"
"Faça isso de novo bem".	"Está tão bacana".
"Hoje vou ensinar-te".	"Adorei".
"Você fez isso ao contrário".	"Gosto muito da forma como você fez isso".
"Está errado".	"Você lembrou disso sozinho? Que grande ideia!"

Como você pode ver, há comentários que matam a criatividade e outros que a mantêm. Da mesma forma, também há atitudes e estratégias que ajudam a criança a manter o seu potencial criativo. A seguir, poderá conhecer aquelas que os especialistas consideram mais importantes.

Proporcione-lhe ferramentas para expressar a sua criatividade

Qualquer pessoa criativa rodeia-se de ferramentas que a ajudam a expressar-se, quer seja uma câmara de filmar, uns pincéis ou uma máquina de escrever. A criança também precisa de ferramentas que lhe permitam expressar-se. Proporcione-lhe um lugar para criar onde tenha folhas de papel e lápis de cor, massa de modelar, Lego ou jogos de construções. Também pode deixar que os seus filhos tenham acesso à gaveta das máscaras. Nunca se sabe quando vão querer mascarar-se e inventar histórias e personagens. O essencial é que a criança tenha à sua disposição ferramentas para poder expressar o seu lado criativo.

Dê-lhe liberdade

Na escolha das brincadeiras, na escolha dos assuntos sobre os quais a criança quer ler, desenhar ou escrever, a liberdade deve ser uma prioridade. Tenho certeza de que você tem suas opiniões bem consolidadas sobre por que é mais interessante que o seu filho desenhe um cavalo do que um bicho-papão, porém, sabemos que a verdadeira forma de o seu filho poder navegar pela sua própria inspiração é desenhar e brincar com o que realmente quer. Há alguns capítulos falamos de Nancie Atwell, a vencedora do Global Teacher Prize que conseguiu que os seus alunos lessem 40 livros por ano, e que deixa que escolham sempre aquele de que mais gostam. A questão é que Atwell também consegue que os seus alunos escrevam mais e melhor do que noutras escolas; o segredo do seu sucesso volta a estar na sua sabedoria para deixar que a criança escreva sempre sobre o assunto que escolher. Como pode ver, dar liberdade para que a criança potencie o seu desejo de aprender e de se expressar é, em grande parte, uma questão de confiança.

Provavelmente, essa é a principal vantagem dos modelos educativos que proporcionam maior grau de liberdade à criança ou a atraem pelo do entusiasmo, como a aprendizagem por projetos. Nesse tipo de modelo há um programa educativo, como é habitual, mas a criança desfruta de maior liberdade para procurar as suas próprias fontes, recolher informação e criar o seu próprio "livro escolar" com toda a informação de que ela e os seus colegas conseguirem compilar. Para além disso, cada criança pode encarregar-se de diferentes partes do projeto em função dos seus interesses, em vez de seguir um programa uniforme de aprendizagem. Sem dúvida, introduzir a criatividade e um currículo mais centrado nos interesses da criança no calendário acadêmico é uma grande vantagem para a aprendizagem, de acordo com o que atualmente sabemos sobre o cérebro e sobre como aprende e se desenvolve.

Dê-lhe tempo para se aborrecer

O aborrecimento é o pai da criatividade. Todos os grandes gênios criativos começaram a pensar em um momento de aborrecimento. Quando a criança não tem nada para fazer e não tem o tempo ocupado, o seu cérebro começa a aborrecer-se e procura, através da imaginação, novas formas de se entreter. Se não há aborrecimento, se a criança está colada na tela da televisão ou tem o tempo inteiro ocupado com aulas extracurriculares, a sua criatividade ficará sufocada pela falta de oportunidades de se expressar. A criança que tem tudo e que não tem tempo para se aborrecer dificilmente crescerá sendo uma pessoa criativa.

Demonstre uma atitude criativa

Não se esqueça de que você é um modelo para os seus filhos. Utilize a criatividade no dia a dia. Não cozinhe sempre a mesma coisa, atreva-se a inovar e a criar na cozinha. Seja criativo quando os ajudar a fazer os trabalhos de casa e utilize toda a sua imaginação quando brincarem juntos. Pode inventar as suas próprias histórias e contos em vez de ler sempre histórias escritas por outros. Pode pedir-lhes que apresentem soluções criativas quando tiverem de resolver um problema doméstico, por exemplo, que acabou o leite, ou o que podem lanchar quando acabou o pão para fazer lanches. Na minha casa é um dos jogos preferidos. As crianças fartam-se de rir e inventam soluções loucas como molhar o pão no gel de banho ou fazer sanduíches partindo uma cenoura ao meio. É certo que elas vão lembrar-se de muitas ideias fantásticas que proporcionarão bons momentos. Quando forem mais velhas, essa capacidade para pensar ideias loucas lhes permitirá encontrar uma solução prática e fantástica para qualquer problema que aparecer nas suas vidas.

Evidencie o processo, não o resultado

Muitas vezes, os pais ajudam as crianças nos exercícios de arte da escola e esforçam-se por deixá-los bonitos. No entanto, para ajudar a criança a manter a sua criatividade, o importante não é que desenhe bem, que saiba as respostas ou que resolva acertadamente os problemas, mas sim que utilize a sua imaginação para pensar. Ao longo da sua vida, esta capacidade vai ser tão importante como todas as outras juntas. Pode observá-la enquanto desenha, constrói ou inventa um jogo e perguntar-se a si próprio: "Está se divertindo ao fazê-lo?", "Teve ideias interessantes?", "Conseguiu expressar as suas ideias em alguma coisa real, quer seja um jogo, um desenho ou uma construção?." Se assim for, a sua imaginação saiu reforçada porque teve uma experiência muito gratificante.

Não interfira

Se há uma área na qual não interferir pode ser mais importante do que fazê-lo para o desenvolvimento da confiança, é a criatividade. O processo criativo implica que a criança se mova livremente pelo seu mundo. Todos os especialistas em criatividade estão de acordo em que, quanto menos os pais interferirem, melhor. Também é importante não reforçar em excesso. Você pode dizer-lhe se gosta ou não gosta, pode transmitir-lhe que entende o que quis fazer, mas evite qualificar as suas "obras de arte" ou "ideias" com palavras como "bem" ou "mal". Não se esqueça de que o importante é o processo, não o resultado.

O cérebro da criança explicado aos pais

A seguir vamos ver como os pais agem diante da criatividade com dois estilos completamente diferentes. A mãe do Daniel vai fazer um esforço para que ele faça um desenho maravilhoso. A mãe da Sara não diz nada enquanto a filha desenha e depois comenta o desenho com ela.

Interferir na criatividade	Respeitar o processo criativo
M: Deixa ver, Daniel, mostre-me o que está desenhando?	S: Olhe, mãe! Olhe o que eu desenhei!
D: Sim.	M: Já tinha visto você desenhando. Estava muito concentrada.
M: O que é? Um caracol?	S: Sim, mas olhe o que fiz.
D: Sim.	M: Uau! Que desenho bonito!
M: Está muito bem, mas não tem as antenas.	S: Sim.
	M: Isto é um caracol, não é?
D: É o que vou fazer agora.	S: É.
M: Repara, o caracol tem umas antenas e uns olhos. No total são quatro.	M: E o que é isto que sai da boca dele?
	S: São dentes caninos!!!
D: Está bem.	M: Uf! Deve ser um caracol muito perigoso.
M: E o caracol tem um rabinho, está vendo? Deixe-me te ajudar.	S: Sim, é um caracol vampiro!
D: Está bem.	M: Que medo!
M: Olhe, e você vai desenhar uma alface? Os caracóis adoram alface.	S: Sim. E está com uma minhoca voadora.
	M: É verdade! Olhe só para estas asas!
D: Como é que se faz?	
M: Assim, com o verde. Eu desenho pra você.	S: Sim, são para voar!
	M: Gosto muito. É para mim? Vou pô-lo nos pés da minha cama. Mas pode ser que fico com um pouco de medo...
D: ...	
M: Estamos fazendo muito bem!	
D: Vou brincar. Já não quero desenhar mais.	S: Sim!!! Vou desenhar outra coisa.

Ajude-a a estabelecer ligações

Uma das características das pessoas criativas é que são capazes de estabelecer ligações entre ideias que parecem desconexas aos olhos dos outros. Misturar as cores que estão na moda com uma fotografia da Marilyn Monroe, como fez Andy Warhol, juntar carne picada e um bocado de pão para criar um hambúrguer ou pôr dois motores em vez de um para criar um avião que transporte passageiros são exemplos de conexões impossíveis que acabaram por ser acertadas. Todos os dias os filhos têm centenas de ideias desconexas que por vezes os pais se encarregam de corrigir. A criança que descobre os palavrões diz coisas como "gorila de fralda", "senhor Bochechas" ou "escaravelho piolhoso". Alguns pais apressam-se a corrigir a criança explicando-lhe que essas coisas não se dizem porque os escaravelhos não têm piolhos, porque não têm pelo. Como você acaba de ver no exemplo do caracol com dentes caninos, as ideias das crianças são tão originais que às vezes os adultos não sabem apreciar o seu verdadeiro valor. Incentivo-a não só a desfrutar do seu mundo, mas também a ajudá-la a estabelecer ligações entre coisas que estão distantes entre si. Se a sua filha tem uma capa de chuva listrada, pode perguntar-lhe que outras coisas têm listras. Ela pode responder uma zebra, uma passadeira ou um pijama de presidiário. Ajudando-a com um pequeno rugido também pode estabelecer uma ligação com as riscas do tigre. Pode parecer-lhe uma brincadeira boba, mas a capacidade de saltar de uma capa para a chuva listrada para uma zebra ou para um tigre é uma das principais características das pessoas mais criativas e inteligentes.

Recapitulando

A criatividade é uma capacidade muito importante na vida de qualquer pessoa. O seu filho é um mestre da criatividade. Ajude-o a mantê-la. Limite o tempo programado, tire-o da frente da televisão e dê-lhe tempo para se aborrecer e explorar novas formas de se divertir com a sua imaginação. Reforce e seja um exemplo de atitude criativa. Pode dar-lhe espaços, momentos e ferramentas para desenvolver a sua imaginação, mas, sobretudo, respeite os seus momentos criativos de maneira a evitar orientá-lo ou premiar a qualidade do resultado. Não se esqueça de que a imaginação do seu filho pode conduzi-lo aonde quiser.

26
Os melhores aplicativos para crianças com menos de 6 anos[1]

"É claro que os meus filhos terão um computador. Mas antes disso terão livros."

Bill Gates

---

[1] Lamento dizer que não encontrei nenhum aplicativo que seja útil para o desenvolvimento intelectual e emocional das crianças dessas idades (N. do A.).

27
Despedida

"É mais fácil criar crianças fortes do que reparar homens destroçados."

Frederick Douglass

Muitos leitores se surpreendem ao ver o capítulo anterior em branco. O Editorial recebeu muitas mensagens perguntando se se trata de um erro de impressão e inclusive avaliações negativas em páginas da internet por não termos completado devidamente este capítulo. Porém, depois de muitas edições continuo insistindo que fique imaculadamente em branco. Como explicamos no capítulo dedicado ao tema, interagir com esses dispositivos pode levar a criança a perder interesse em outro tipo de atividades muito mais benéficas para seu desenvolvimento. Além disso, estudos indicam que crianças pequenas que passam mais tempo diante de telas têm mais probabilidade de desenvolver transtorno de déficit de atenção com hiperatividade (TDAH), problemas de comportamento ou depressão infantil. Além do mais, está bem demonstrado que para algumas crianças esses dispositivos podem criar vícios e gerar dependência. Está claro que as telas devem ir aparecendo na vida das crianças porque fazem parte de nossa vida, mas a meu ver é melhor que cheguem a suas mãos progressivamente e a partir de quando seu cérebro tenha se desenvolvido um pouco mais seu paladar emocional e capacidade de autocontrole, isto é a partir dos 6 anos de idade.

Uma vez esclarecido esse ponto, posso dizer-lhe que chegamos ao final deste livro. Falar de crianças é sempre uma oportunidade para desfrutar e para estabelecer uma ligação com a nossa criança interior. Gostaria que pudesse interiorizar tudo o que leu neste livro a partir dos seus valores e do senso comum. Não se esqueça do princípio do equilíbrio e aplique-o com sensatez. A última coisa que pretendo é que algum pai ou mãe se agarre àquilo que digo neste livro e faça disso um dogma. Acredito firmemente, e foi isso que tentei transmitir, que o verdadeiro segredo do sucesso na educação está em deixar para trás os métodos fechados e os dogmas e em viver o momento. Por minha experiência, um grande pai ou educador não é aquele que segue um método fechado ou que se reduz a um plano estabelecido, mas sim aquele que sabe detectar a necessidade da criança em cada momento e aproveitar as oportunidades educativas que o dia a dia proporciona. Vejamos um exemplo prático. Há alguns capítulos, falei-lhe com entusiasmo da importância que tem para eu incutir na criança o amor pela leitura antes de adormecer. Apesar disso, se um dia estiver demasiado cansado para ler e o seu filho pedir insistentemente para lhe ler uma história, fale-lhe do seu cansaço com sinceridade. A sua resposta assertiva lhe servirá de modelo para desenvolver a sua própria assertividade e o ajudará a desenvolver a sua empatia, pondo-se no lugar do seu cansado pai. Além disso, tente fazer um esforço no sentido de dominar a sua própria frustração. O cérebro do seu filho é como uma esponja e aproveitará cada oportunidade para aprender e atingir um desenvolvimento pleno.

Eu o incentivo a aproveitar também as suas circunstâncias para tirar proveito de todo o seu potencial como educador.

Mergulhamos em algumas das questões que considero mais relevantes no desenvolvimento intelectual e emocional de qualquer criança. Palavras como "confiança", "responsabilidade", "assertividade" ou "autocontrole" podem parecer demasiado grandes para crianças tão pequenas. A verdade é que com uma abordagem baseada na brincadeira e na comunicação entre mãe ou pai e criança se podem construir, desde bem pequenas, alicerces sólidos sobre os quais a própria criança poderá edificar a sua mente maravilhosa. Para mim são outras as palavras que ecoam demasiado alto para um cérebro que deve brincar e desenvolver-se sem pressões, medos ou ritmos frenéticos: "aulas extracurriculares", "trabalhos de casa", "castigos" ou "celulares". Nesse sentido, é muito provável que o trabalho mais importante de qualquer pai hoje em dia seja o de não entorpecer, acelerar ou adulterar o desenvolvimento natural do cérebro dos seus filhos.

Muitas das ideias que pôde conhecer aqui não são novas. Mais de 50 anos de investigação psicológica e experiência educativa revelam que os pais e as mães mais satisfeitos com

O cérebro da criança explicado aos pais

o seu trabalho, os que criaram crianças que conseguiram ser adultos autônomos, com um bom desenvolvimento acadêmico, intelectual, emocional e social, não são os que põem os filhos nos colégios mais caros ou que sobrecarregam os seus dias com atividades extracurriculares. Os segredos de uma educação de sucesso são muito mais simples, embora provavelmente requeiram um maior compromisso pessoal. Esses pais mostram-se afetuosos e criam uma ligação segura com os filhos. Fomentam a sua autonomia e ajudam-nos a superar os seus medos e temores. Estabelecem normas claras e reforçam com frequência comportamentos positivos. Também os apoiam no desenvolvimento acadêmico e intelectual. As crianças observam tudo o que fazemos e, portanto, a capacidade dos pais de se relacionarem com os outros também tem influência no desenvolvimento dos filhos. Assim, os pais e as mães que mostram uma boa relação entre si, sendo respeitosos, proporcionando apoio e reconhecimento mútuo, e, também, os que demonstram boas capacidades para dominar a sua frustração e lidar com o estresse parecem ser melhor influência para o desenvolvimento emocional e intelectual da criança. Como você pôde verificar, são ideias simples que qualquer pai e mãe podem aplicar se demonstrarem valores de respeito e compreensão tanto com a criança como com outros adultos e consigo próprios e se dedicarem o tempo necessário para estar com os filhos. Sem dúvida, o mais importante para o seu filho e para o seu cérebro é que esteja presente.

Dr. Álvaro Bilbao

A neurociência também nos indica que enriquecer as conversas pai/mãe/filho, cultivar a paciência e o autocontrole e promover a inteligência emocional são estratégias importantes e que fazem sentido. Pessoalmente, julgo que – e foi isso que tentei expressar ao longo de toda a obra – uma das estratégias mais inteligentes que podemos utilizar como educadores, e que poucos pais e educadores aplicam, é ajudar os nossos filhos a fortalecer as conexões que unem o cérebro emocional ao racional. Utilizar a empatia, ajudar a assimilar experiências com uma elevada carga emocional, ensinar a criança a ouvir tanto a sua razão como a sua emoção no momento de tomar decisões e ajudar o seu lobo frontal a pôr em prática o autocontrole quando a situação assim o exige enriquece o diálogo entre a inteligência emocional e a racional. Só quando esse diálogo é fluente e equilibrado aparece o verdadeiro amadurecimento; a capacidade de estabelecer uma harmonia com os nossos sentidos, pensamentos e ações para que caminhem na mesma direção.

Chegamos juntos ao fim deste percurso e quero agradecer-lhe verdadeiramente por me ter deixado acompanhá-lo. Tentei expressar neste livro todos os meus conhecimentos e experiências como pai, neuropsicólogo e psicoterapeuta. São conhecimentos que aprendi e herdei de pessoas que sabem e investigaram muito mais do que eu. Também expressei todo o conhecimento intuitivo e a experiência que a minha mulher me transmitiu, muito especialmente o valor da brincadeira, do afeto, da generosidade e do contato físico na educação da criança. Sinto que metade deste livro também lhe pertence. A verdade é que você não leu nenhuma recomendação na qual não acredite, porque tudo o que contei retrata minha forma de atuar no dia a dia com meus filhos. Posso assegurar que pus toda minha ilusão nestas poucas páginas... mas mesmo assim... nunca imaginei que ia tocar tantas crianças e tantas famílias em tantos lugares do mundo como fiz depois de tantas edições e traduções. Por isso, só me resta agradecer a todos que de alguma forma compartilham seu aprendizado e opiniões sobre este livro com seus irmãos, cunhada, amigos da escola infantil ou da creche, a quem emprestaram o livro, presentearam, recomendaram a leitura e aos que deixaram suas opinião na livraria ou na página da internet na qual o compraram. Agradeço de coração. São gestos de generosidade que contribuem para que a mensagem de *O cérebro das crianças explicado aos pais* chegue a muito mais crianças. Para mim é uma grande alegria e grande honra saber que este pequeno livro continua ajudando a muitos pais a sentirem-se mais tranquilos e seguros na sua forma de educar seus filhos com menos gritos, menos raiva e uma interação mais positiva, rica e próxima com seus pais.

Despeço-me, convidando-o mais uma vez a se conectar com sua criança interior. Lembre-se de que o cérebro da criança não está programado para perceber nem aprender da mesma forma que o teu e, portanto, a melhor maneira de influenciar positivamente em seu desenvolvimento é que se coloque no mundo de seu filho, ponha-se na altura dos olhos dele e brinque, brinque e brinque com eles. Desfrute.

Bibliografia

Acredito sinceramente que o que leu neste livro é suficiente para conseguir que o seu filho tenha um desenvolvimento cerebral pleno. Tenho um certo receio de recomendar livros porque, como já referi, demasiada informação pode "curto-circuitar" o senso comum, que foi o que lhe quis transmitir. Contudo, tentei fazer uma pequena seleção de livros na linha das ideias que apresentei e que analisam a fundo algumas questões essenciais do livro. Não se esqueça de não levar nada do que ler ao extremo e de conjugar qualquer ensinamento ou teoria com o seu senso comum como pai, mãe ou educador.

González, Carlos. *Bésame mucho. Como criar os seus filhos com amor.* Lisboa: Pergaminho, 2005.
Um clássico entre os livros de educação. Aqui descobrirá por que a proximidade e o carinho são o melhor presente que pode dar aos seus filhos.

Siegel, Daniel J.; Payne Bryson, Tina. *The whole-brain child.* New York: Delacorte Press, 2011.
Um livro simples e muito bem escrito que o ajudará a analisar a fundo o papel da empatia e dos diferentes níveis de processamento cerebral na superação dos medos e no entendimento das emoções da criança.

L'Ecuyer, Catherine. *Educar na curiosidade*. São Paulo: Edições Fons Sapientiae, 2016.

Um excelente livro sobre os ritmos naturais da criança e sobre como a tecnologia e o mundo frenético em que vivemos afetam o seu cérebro.

Robinson, Sir Ken; Aronica, Lou. *O elemento. Descubra aquilo que realmente o apaixona*. Porto: Porto Editora, 2010.

Este livro vai ajudá-lo a entender o valor da motivação e da criatividade na vida e na educação das crianças.

Medina, John J, *Brain rule: 12 principles for surviving and thriving at work, home and school*. Seattle: Pear Press, 2013.

Um livro bem documentado sobre o que funciona e não funciona no desenvolvimento intelectual da criança.

Faber, Adele; Mazlish, Elaine. *Como falar para as crianças ouvirem e ouvir para as crianças falarem*. Lisboa: Guerra & Paz, 2012.

Um livro cheio de sabedoria sobre como podemos nos comunicar com os nossos filhos e educá-los para reforçar a nossa relação em vez de destrui-la.

Melgarejo, Xavier. *Gracias, Finlandia*. Barcelona: Plataforma Editorial, 2013.

Se quer saber como educam as crianças, livres de pressões, em um dos sistemas educativos mais avançados do mundo, este é o livro ideal.

CATHERINE L'ECUYER

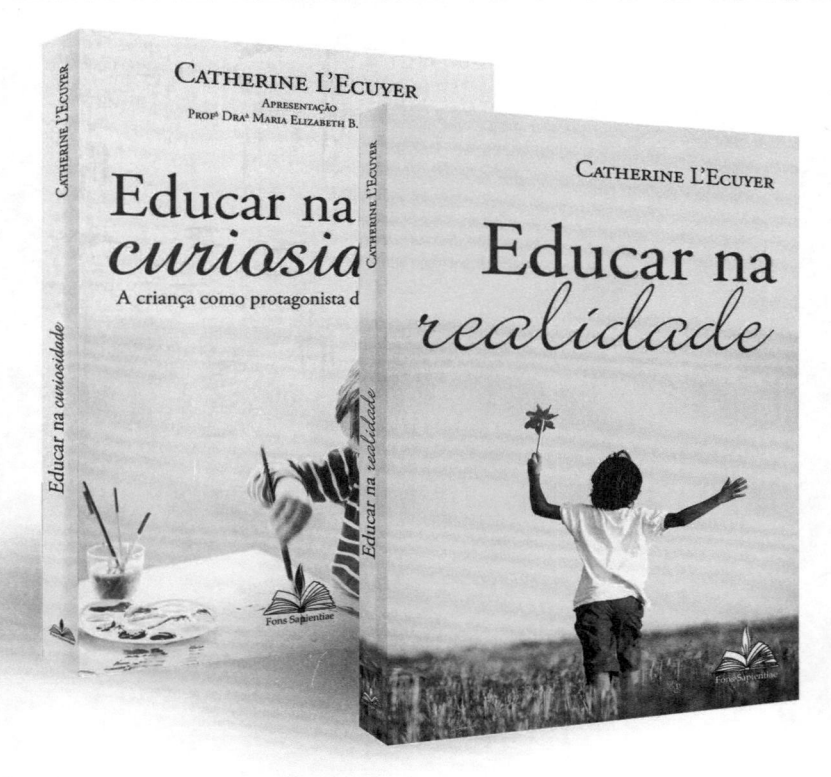

Educar na Curiosidade

Quando nossos filhos olham pela fechadura de longe, só podem apreciar um tímido raio de luz. À medida que se aproximam da porta, o que veem cresce, até que, algum dia, com a testa apoiada na fechadura, estarão contemplando a Beleza do universo. Educar na curiosidade é uma filosofia de vida, uma forma de ver o mundo que amplia os horizontes da razão porque se nega a permanecer no minimalismo da vulgaridade.

Educar na Realidade

É necessário educar nossos filhos "na realidade", tendo em conta o século atual, com vários dilemas educacionais com os quais os nossos pais não se deparavam. Um desses dilemas tem a ver com o uso frenético das novas tecnologias que faz com que tenhamos a sensação de estar a reboque desses acontecimentos.